実践!

慶應義塾大学教授 前野隆司
はぴテックCEO 太田雄介

ウェルビーイング診断

人と会社が幸福になる34のリアル・ノウハウ

ビジネス社

プロローグ

「幸福度」を測る時代

前野隆司

「幸せ」は望めば誰でも得られる

「Ｗｅｌｌ‐Ｂｅｉｎｇ（ウェルビーイング）」という言葉を近年よく目にするようになったと感じている人は多いのではないでしょうか。ウェルビーイングは「健康で幸せでよい状態」のことです。つまり、心と体と社会がよい状態を指します。

この言葉が注目されている理由として、１つは学術的背景があります。１９８０年代頃、アメリカの心理学者を中心に〝subjective well-Being〟つまり「主観的幸福」に関する研究が進みます。

対立する概念は「客観的幸福」で、こちらは客観的なデータをもとに間接的に幸福を研究するものです。主観的幸福は主観的な幸福感を統計的、客観的に研究します。

客観的幸福の中でも、とくに耳目をひいたのが「幸福学の父」とも呼ばれる故エド・ディーナー、イリノイ大学心理学部名誉教授らによるレビュー論文です。そこには「主観的幸福度の高い人は、そうでない人に比べて創造性が3倍、売上げは37％高い傾向にある」といった数字が紹介されていました。

ほかにも幸福度の高い人は「職場において良好な人間関係を構築している」「転職率・離職率・欠勤率がいずれも低い」「健康で寿命が7～10年長い」といったこともわかってきました。

先ほどのレビュー論文では、「幸せな社員は不幸せな社員より生産性が1・3倍高い」という調査結果も示されています。

国内でも、日立製作所の矢野和男氏の研究をはじめ、「幸せであることは生産性を30％ほど増やす」といった調査結果が続々発表されています。

「主観的」とは、自分の考え方や感じ方のことです。従来ウェルビーイングや幸せは望んで適うものではなく、「運のいい人」だけが得られるものと考えられていました。それが、考え方や行動しだいで得ることができ、さらに組織や社会にもよい影響をもたらすものであることがわかってきたのです。

ウェルビーイングは農耕革命、産業革命に続く「第三の革命」

そしてもう1つが、社会的背景です。18世紀半ばの産業革命以降、日本でいえば明治維新以降、科学技術の発展により「経済の繁栄こそが素晴しい」という価値観が生まれました。

これは「幸せとは金銭的・物的豊かさである」という価値観でもあります。そうした価値観のもとで西洋社会は250年以上過ごしてきました。日本でも150年ほど過ごしてきました。

多くの人がこの価値観を疑わなかった結果、生じたのが環境破壊や貧困、パンデミック（感染爆発）、戦争、少子化といった種々の問題です。みんなが幸せになろうと経済成長を追求した結果、逆に人びとが不幸になってしまった。みんなが自分勝手に豊かさを目指したのでは、社会が沈んでいくことが明らかになった。これもまたウェルビーイングという考え方が生まれた一因です。

大きく人類の歴史を遡《さかのぼ》ると、最初に農耕革命が起こりました。それまでの狩猟採集生活から農耕生活に入り、食料事情は劇的によくなりました。一定面積に住める人の数も増え、人口は飛躍的に増加していきます。

次に起きたのが産業革命です。機械による大量生産が可能になり、物質的豊かさに加え、人びとの働き方も大きく変えました。この農耕革命、産業革命に続く第三の革命が、ウェルビーイング革命だと私は思っています。

この間、IT革命、AI革命といった言葉も生まれましたが、いずれも産業革命の延長です。これに対し、ウェルビーイング革命は目指すものが根本的に違います。

産業革命で人びとの暮らしが豊かになる一方、地球は破壊され、人類は孤独で不幸になりました。幸せになるためにやってきたつもりが、じつはみんなが不幸になる世界をつくっていた。

とくに顕著なのが日本で、自己肯定感が低く、仕事にやりがいを感じられない人が非常に増えました。よかれと思って発展してきたはずが、一番の主役である人類が幸せになっていないのです。

その反省から経済一辺倒ではなく、「心の幸せが第一」という社会にしようという発想が生まれてきた。お金や物的な豊かさでなく、幸せを第一とする社会に変わらないと人類は滅びてしまう。極めて危機的状況になってきた現代社会のアンチテーゼとして幸せ第一という考え方が出てこざるを得なかったということが、社会背景にあるように思います。

ウェルビーイングという言葉を一時の流行と捉え、「5年ぐらいはやって、すぐに廃れるだろう」と思っている人もいますが、そうではありません。強いて「流行」という言葉を使うなら、産業革命という流行が250年ほど続き、その次に来る流行がウェルビーイング革命なのです。

この革命に成功すれば人類は生き残り、成功しなければ地球環境の破壊によって滅びる。そんな、本当に危機的な状況の中から生まれてきたのが、ウェルビーイングという考え方なのです。

幸せになるために大事な3つのステップ

ではウェルビーイングを実現するうえで実際に何をすればいいかというと、参考になるのが「健康」です。人類は幸せを手に入れるより少し前に、健康を手に入れました。医学の進歩により予防医学が発達し、健康に気をつけると長生きできることを知りました。

すでに世の中は「病気やケガをしたら治す」という医療しかなかった時代から、病気やケガをしないようにする予防も併用する時代にうつっています。「いま健康な人も、より健康になるための取り組みをすべき」という考えが発達し、技術の発展もあいまって我々は人類史上、最高に健康になっています。

健康になるために一番大事なのは何かというと、健康診断を受けることです。健康のために「ジョギングしています」「野菜を食べています」「睡眠をとっています」は正解ですが、その前に行うべきことは健康診断を受けることです。さらにその前に行うべきことは、健康についての知識を身につけることです。

つまり、まず「太りすぎはよくない」「血圧が高いと動脈硬化になりやすい」などといった知識を身につける。次に健康診断を受ける。そして診断結果にもとづいて健康に気をつける。この3ステップが大事です。

すでに私たちは、これを無意識にやっています。だから人類は長寿になりました。とくに日本人は世界一長寿になりました。次に求められるのが、幸せの追求なのです。

そして幸せになるための方法は、ある意味、健康と同じです。まずは幸せについての知識を身につける。

「仕事にやりがいがあったほうがいい」「地域とのつながりがあったほうがいい」「孤独はよくない」「自己肯定感が高いほうがいい」など、幸せになるための条件があります。この条件をまずは知識として学びます。

いまの日本人は極めて自己肯定感が低く、仕事にやりがいを感じられない人がたくさんいます。自殺率も高く、不幸せで閉塞感を感じている人が多い。これは幸せに関する知識を持っていないことが最大の原因です。

ひと昔前の日本人は、健康に無頓着で「おいしいものがあれば、いっぱい食べればいい」「運動好きでないなら、休みのときは家でゴロゴロしていればいい」と思っていました。それが大間違いだと気づき、食事は適量で控え、日頃からウォーキングやジム通いなど運動を習慣化する人が増えました。

ところが幸せについては知識がないため、「やりがいを感じないけれど、放っておこう」「孤独だけど、放っておこう」といった状態を続けてきました。戦後の日本は残念なことに幸せについて放ったらかしにしすぎたのです。

健康や安全には極めて配慮し、「世界一健康な国」「世界一安全な国」を実現したのに、心の問題は気にかけなかった。その結果、あるアメリカ人が「日本人の過半数は鬱に見える」と言うほどの国民になってしまったのです。

国連『ワールドハピネスレポート』だけではわからない本当の幸せ

知識を身につけたら、次にやるべきなのが幸福度を測ることです。幸福度調査としてよく知られるものに、国際連合の持続可能開発ソリューションネットワークが発行している『ワールドハピネスレポート（世界幸福度報告）』があります。

世界150以上の国や地域を対象に、自分の幸福度が10段階中どの段階かを尋ね、その答えをもとに調査するというものです。また、「1人当たりの国内総生産」「社会的支援」「健康寿命」「人生の選択の自由度」「寛容さ・気前のよさ」「腐敗の認識」の6項目の観点からの分析も行っています。

2012年から毎年発表され、日本の順位は「先進国中最下位」などと話題になるので、ご存じの方も多いでしょう。

ただ私は、この結果をもとにその国の国民が幸福か不幸か、ましてや自分自身が幸福か不幸かの指標とするのは、かなり無理があると思っています。

たとえば2022年の順位は1位がフィンランド、2位がデンマークでした。私はどちらの国も訪れていますが、人びとはそれほど幸せそうに見えません。一方でアメリカのように、順位は16位だけれど多くの人が「自分は幸せだ」と思っている国もあります。

その意味で『ワールドハピネスレポート』はアンケートの取り方に、まだまだ課題があります。とくに謙虚な人が多い国は低め、自信満々の人が多い国は高めになる傾向があります。日本のランキングが低いのも、このことが関係しているように思います。

原因の１つにはこの調査が欧米の価値観にもとづいていることもあげられます。文化心理学の言葉でいうと、欧米は個人主義的社会、アジアは集団主義的社会です。個人主義的な社会では「個人はしっかりと意見を持っているべきである」という価値観が産業革命以来、染みついています。「幸せですか？」と聞かれて、「もちろんです」と答えるのが健全と考える社会です。

一方、集団主義的社会では「幸せですか？」と聞かれると、多くの人が「まあ、ふつうです」と答えます。周りの人たちを気にして、自分だけ「幸せ」と答えることにためらいがあるのです。つまり両者は社会規範が違い、そこからアジアのほうが低めになる傾向があるのです。

欧米の研究者たちはこのことに気づかず、集団主義的社会の人たちが低めに答えるとは想定していませんでした。そこでアジアの国々の幸福度が低いのを見て、「アジア人は不幸な人が多い」と勘違いしたのです。

そうした中、近年は京都大学の内田由紀子教授が「協調的幸福」という概念を打ち出すなど、日本の研究者による巻き返しも始まっています。また慶應義塾大学医学部の宮田裕章教授もウェルビーイングを超えた「Ｂｅｔｔｅｒ－Ｃｏ－Ｂｅｉｎｇ」、つまり個人ではなく「共にある」ことが重要といった提言をしています。「欧米の指標は不公平」といった主張に、欧米の研究者たちが驚いているといった状況です。

さらには欧米でも、たとえばオランダのエラスムス大学にあるデータベース「ワールドデータベースオブハピネス（幸福度指標）」では、日本の幸福度は先進国の中で中程度です。アンケートの内容を変えるだけで最下位になったり、中程度になったりするのです。

ただし、どの調査でも日本がトップという結果はないので、現在の謙虚すぎる態度はもう少し変えたほうがいい気もします。

アメリカ人は日常的に「アイムハッピー」と言いますが、日本人はまるでタブーのように「幸せ」という言葉を使いません。「幸せになります」というのは結婚式のときぐらいです。こうした文化を変えていく必要があるように思います。

幸福に関係する要素はいくつもある

『ワールドハピネスレポート』をはじめとする現在の多くの幸福度調査には、もう１つ問題があります。それは幸福をひとくくりで考えている点です。

健康で考えてみれば、明らかです。健康診断で「あなたの健康度は75点です」などと伝えられたら、どうでしょう。「満点にするには、あと25点必要」と言われても、具体的に何をすればいいかわかりません。

「中性脂肪が多い」「視力が低い」「肝臓が悪い」などと示されて初めて、とるべき対策も見えてきます。中性脂肪が多かったら野菜を食べたり運動したりする、視力が悪かったらメガネをかける、肝臓が悪かったらお酒を控えるといった具合です。健康については多面的に測るのが常識なのに、幸せはまだまだそのような考えになっていないのです。

たとえば先にご紹介した「幸福学の父」と呼ばれる故エド・ディーナー博士の「人生満足尺度」があります。

1 ほとんどの面で、私の人生は私の理想に近い
2 私の人生は、とても素晴しい状態だ
3 私は自分の人生に満足している
4 私はこれまで、自分の人生に求める大切なものを得てきた
5 もう一度人生をやり直せるとしても、ほとんど何も変えないだろう

という5つの質問について、「まったく当てはまらない」から「非常によく当てはまる」まで7段階で答え、その合計点数で幸福度を測るというものです。

35点が満点ですが、ここで「あなたは21点です」と言われたとして、どうすればもっと点数を上げられるかはわかりません。

ほかにも有名な幸福に関する考え方にバーバラ・L・フレドリクソン博士の「ポジティブ感情・ネガティブ感情」や、国連が定めた「11段階のキャントリルラダー」などがありますが、いずれも幸せを1つの物差しでしか測っていません。

幸福を健康と同じようなものと考えるなら、幸福と関係ある項目それぞれについて測る必要があります。それが近年始まったキャロル・リフ博士の「6軸モデル」や、マーティン・セリグマン博士の「PERMA（パーマ）」といった考え方です。

6軸モデルは、幸福の要素を「自己受容」「環境適応力」「他者との良好な関係」「自己の成長」「人生の目的」「自律性」の6つに分け、ウェルビーイングを考えるというものです。

パーマは、ウェルビーイングを「P＝ポジティブな感情」「E＝エンゲージメント（貢献）」「R＝人間関係」「M＝意味」「A＝達成感」の5つに分けて考えるというものです。

また私は、幸せを構成する因子は「やってみよう（自己実現と成長の因子）」「ありがとう（つながりと感謝の因子）」「なんとかなる（前向きと楽観の因子）」「ありのまま（独立と自分らしさの因子）」の4つに分けられると考えています。これは日本人1500人に対して29項目87個の質問を作成し、そこから導き出したもので、私は「幸せを構成する4つの因子」と呼んでいます。

そして本書で紹介する「幸福度診断ウェルビーイングサークル（以下、幸福度診断）」は私と本書の著者・太田雄介氏が共同開発したもので、「幸せを構成する4つの因子」などをもとに34項目に分解して幸福度を測るというものです。

「働く幸せ」「地域に住む幸せ」などを分解していったもので、時代に先駆けて幸せの形を表したものになっています。これほど細かく分類したのも世界初で、より細かく診断できるようになっています。

また日本人に対するアンケート調査をもとにしているので、『ワールドハピネスレポート』のような欧米の価値観にもとづく幸せになっていません。その意味でも日本人の幸福度を診断するのに適した指標と言えます。

受けるだけでも幸せになれるのが幸福度診断

大袈裟なことを言いますが、幸福度診断は現代における〝聖書〟の役割も担うように思います。かつて農耕革命が起きた際、人びとは安定した生活を手に入れ、人口も増えていきますが、一方で富の集積や格差など新たな課題が生じるようになりました。これを解決するために生まれたのが、聖書です。

その後、産業革命が起きると、問題はさらに加速しました。それが先に述べた環境問題、貧困問題、パンデミック（感染爆発）、戦争、少子化問題などです。この新たな問題を解決するための試みの1つが幸福度診断なのです。

聖書を読むだけで心の安寧が得られるように、幸福度診断もある意味、行うだけで幸せになれます。幸福度診断の質問項目は、すべて幸福に関係するものです。設問を読むだけでも「こういう考え方をすれば幸せになる」「こういう行動を取れば幸せになる」といったことがわかってきます。幸せになるための最初の条件「知識を身につける」を再強化することにもなるのです。

さらに診断結果を見ることで、さまざまな気づきがあります。健康を例に挙げれば、言わば「計るだけダイエット」です。

体重計に乗って、昨日より1キロ増えていたら「今日は食べ過ぎたかな。明日は控えよう」などと気をつけるようになります。幸福度診断をして、どの項目が高いか低いかを見るだけでも、日頃の生活の中で注意するようになります。

たとえば「信頼関係のある地域」のスコアが低く、これが気になるなら「地域の人と触れ合う機会を増やそう」という気持ちになります。これだけで確実に幸せになります。

地域とのつきあいと幸福度の関係については、私もかつて調査したことがあります。地域において「触れ合いがある人」は幸福度が高く、「挨拶程度」の人は中程度、「触れ合いがない人」は低いという結果が出ました。

相手がさほど親しくない人でも、少し話すだけで幸せな気持ちになります。大事なのは人との関わりを持つことだからです。

一般に都会人の多くは、地域とのつきあいを敬遠しがちです。せいぜいがゴミ出しのときの挨拶です。そうではなく、たとえば旅行に行ったとき、ちょっとしたお土産を買ってくる。それだけで人間関係は、ずっとよくなります。これはいざというとき、助け合える仲間になることでもあります。

診断結果を見ることで、幸せから遠ざかっているいまの生活を見つめなおすきっかけにもなるのです。

大事なのは「以前より幸せになっているか」

幸福度診断の特徴に、34項目の診断結果がサークルの形で表されるという点があります。たいていきれいな丸にはならず、あるところは突出して、あるところは引っ込んでいるといった具合にデコボコした形になります。

これは34項目1つ1つのスコアよりも、全体の形に注目していただくためのものです。それにより自分はどの項目が高いのか、あるいは低いのかが直感的にわかります。幸福度診断は先に述べた「幸福度75点」などと1つの尺度で測る時代から、多面的に測る時代へのパラダイムシフトでもあります。サークルを意識することで、幸せを多面的に考えられるようになるのです。

またサークルには、その日の診断結果と同時に、これまで幸福度診断を受けた人の平均値も出すことができます。一方、かつて診断を受けた人の場合、以前の結果を表示することもできます。つまり過去の自分との比較ができます。これもまた特徴の1つです。

できれば一般平均と比較して自分がどの項目が強いかを見るより、過去の自分と比較して、どの項目が上がったか下がったかなどを見てください。

幸福度診断を受ける人には、質問に対してポジティブに答える人もいれば、謙虚に答える人もいます。謙虚に答える人ほど低いスコアになりがちなので、人と比べて一喜一憂するよりも、比較対象を過去の自分にしたほうが、自分が何をすべきかが見えてきます。

幸せを考えるうえで大事なのは、他人と比べてどうかではなく、以前より幸せになっているかどうかです。これもまた幸福度診断の特徴であり、従来のやり方にはなかったものです。

幸せに「手遅れ」はない

診断を行うにあたり、より望ましいのは誰かと一緒に診断を行い、「自分はここが高かった」などと話し合うことです。人と話すことで、「じゃあ、こうすればいいんじゃないか」といった対策も考えやすくなります。

私が企業で幸福学について話すときも、ただ話を聞くだけより、診断結果について話し合ってもらったほうが参加者の表情がイキイキし、話す内容も活発になります。

これが幸せになるために大事な「知識を身につける」「幸福度診断を行う」の次に来る最後のステップ「幸せになるための行動をする」につながってくるのです。

健康診断を受けたままで終わる人と、中性脂肪が多かったからジョギングを始める人では、どちらが健康になるかは明らかです。幸福度診断も、行動に移すことによってより幸せにつなげることができます。

行動するにあたり、低めのハードルを設定することも大事です。たとえばジョギングを始めるにあたり、「毎日3キロ」ではハードルが高く、3日坊主になりがちです。「1日30分」のほうが長続きしやすく、結果的に健康になれます。腕立て伏せにしても「毎日300回」などと気負わず、「1日3回」で十分です。

幸せも同じで、地域とのつきあいをするにあたり、「地域でボランティア活動を行う」ではハードルが高くなります。結局、「1回参加しただけで終わり」「考えただけで終わり」となりがちです。

それよりも「明日から爽やかな挨拶をしよう」などと簡単なものから始める。家庭での幸福度を高めたいなら、夫や妻に毎日「ありがとう」と言うようにする。簡単なことでも「これを決めてやる」と実行するだけで、幸福度は確実に高まります。

幸せを求めるのに「手遅れ」はありません。体でも100キロを超えるような肥満の人が、50キロ減量すれば血液検査の結果がすべて正常値になったりします。幸せも取り組みしだいで、劇的な改善が可能です。

いまの日本人は幸せに無頓着で、自己肯定感が低くやる気もない人が大勢いますが、みんなが「幸せになろう」と思えば、自己肯定感が高く、やる気に溢れた人ばかりの国になれます。

戦後の日本人は、みんな元気でした。それがわずか数十年で、これほど元気のない国民になってしまいました。しかし、ちょっとした行動を起こすことで、また元気になれるのです。

ジョギングを習慣化するのは、それまで走っていない人には大変かもしれませんが、一度習慣化してしまえば、走ることが気持ちよくて仕方なくなります。走らない日は調子が悪いということにもなります。

幸せも同じです。「ちょっとした感謝の気持ちを示す」「ポジティブに行動する」といったことを続けていれば、やらないほうが気持ち悪くなっていきます。本書では慣れていない人でも簡単にできる、ハードルの低いタスクが多数紹介されています。本書を参考に、少しずつ幸せになっていってください。

1000万人が体験する時代に

幸福度診断は2019年末の開始から、すでに利用者がのべ17万人を数えます。十分メガヒットと言える数字ですが、日本の人口を考えると受けていない人は、まだまだ大勢います。少なくとも1000万人の人が体験して、しかも継続して行うくらいのツールに成長することを願っています。

健康診断のように誰もが月に一度なり、年に一度なり定期的に受けるものになれば、日本人、さらにいえば世界中の人びとがもっと幸せになります。

現在の幸福度診断は「日本人の幸せ」を中心にしていますが、いずれアメリカなどでも調査を行い、「アメリカ版幸福度診断」「中国版幸福度診断」といったものもつくれるかもしれません。

そうして世界中の人が幸福についての知識を身につけ、診断し、実践する。みんなが幸せになり、みんながみんなの幸せを願う。そんな日が来ることを願ってやみません。

実践！ウェルビーイング診断　目次

第2章 幸福度診断「Well-Being Circle」とは

第3章 個人における幸福度の高め方

第4章 組織における幸福度の高め方

第1章

ウェルビーイング（Well-Being）とは

短期的な幸せと長期的な幸せ

本書は〝幸せ〟についての本ですが、〝幸せ〟とは何なのでしょうか。まずはこの定義から、論じたいと思います。

大前提として、〝幸せ〟のかたちは、1人1人異なります。ある方の幸せが、別の方の幸せに100％合致することはありません。しかし、近代心理学では、その幸せについても多くの研究がなされており、1人1人の幸せを100％解明することはできていませんが、大枠で見たときの傾向を把握することができています。これは、多くの研究者の方々によって、アンケートデータなどを元に、統計的な処理を行うことでわかってきた知見です。

たしかに、1人1人の幸せのかたちは異なっている。しかし、科学によって幸せの傾向を掴み、効率的に、より幸せになっていくことはできる時代になってきたのです。

幸せについての一番の大きな発見は、幸せにはタイムスパンがあること、だと言えます。

一般的に、〝幸せ〟と言うと、「給与が良くなること」や、「より休みが多く、楽な生活が送れること」と言われることがありますが、実際にそれらで幸福度が上がることはあまりありません。もちろん、給与が上がった瞬間などは幸福度も高まるのですが、一定期間をおくと、元の水準に戻ってしまいます。つまり、お金では、短期的な幸せしか得ることができないのです。一方で、〝どうなったら幸せか？〟と聞くと、かなりの方が〝お金や休み〟と答える場合が多く、このような考え方が日本全体で浸透しているように思います。

たしかに、研究でも一定額以下の収入であれば、収入の増加に伴い中長期的な幸福度も高まると言われています。しかし、その場合においても、給与以上に幸せに効いてくる要素はたくさんあります。

後述しますが、一定額以下の方でも、〝やってみよう〟と思うことがある、周りに〝ありがとう〟と思うことがある、などといったことのほうが幸福度に効いてくることが多いです。

実際に診断をしていても、給与アップによる幸福度の向上は、長くとも2カ月程度といったところですし、他の項目に比べれば影響が小さいのです。また、私個人で見ても、1000万円超は頂いていたITコンサルタントの時代から、はぴテックを起業したときは3分の1以下程度になりましたが、中長期的な幸福度は爆上がりしています。

少し脱線しましたが、この幸せのタイムスパンについては、経済学者のロバート・フランク先生が、地位財・非地位財という言葉で整理しています。

地位財とは、他人との比較により満足を得るものであり、あまり長続きしないことが知られています。収入や財産、社会的地位などがこれにあたります。一方、非地位財とは、他人との比較によらず幸せが得られるものであり、大きく、〝心身の健康〟、〝幸せな心のあり方〟、〝環境〟の3つです。

この長続きする幸せの元である地位財を、〝Ｗｅｌｌ－Ｂｅｉｎｇ〟と捉えることもできます。

最近流行の〝Ｗｅｌｌ－Ｂｅｉｎｇ〟は世界保健機関（ＷＨＯ）憲章の前文の定義を元に、身体的、精神的、社会的に良い状態をいいます。これは、要は幸せな状態、と捉えることもできます。ただし、一方で、最近は少し流行にのって、さまざまな意図として用いられる場合が多くなってきています。

以上、整理しますと、

- ●収入や財産・社会的地位を元にした幸せは長続きしない（地位財）。
- ●①心身の健康（physical）、②幸せな心のあり方（mental）、③環境（social）を元にした幸せは長続きする（非地位財・Well-Being）。

といったかたちで整理できます。あくまで、幸せについての1つの整理の仕方ではありますが、本書では上記の整理を元に話を進めていきます。

ただし、長続きしない幸せがすべてダメで、長続きする幸せだけを追い求めましょう！　という気はありません。ある研究では、短期的な幸せ感が高まると、本来やるべきことに取り組むことができ、結果として長期的な幸せにつながることもわかっています。

そのため、短期的な幸せも大切にしつつも、基本的には中長期的な幸せを目指していくことがオススメです。

幸せの4つの因子とは

幸せの大分類について述べましたが、その中でも〝幸せな心〟については、数千、数万といった数多くの研究があります。しかし数が多すぎると実践につなげるのは難しい、ということで、この数多くの〝幸せな心〟についての研究を整理した、〝幸せの４つの因子〟研究について紹介します。

〝幸せの４つの因子〟は、この数多くの〝幸せな心〟について、統計的には因子分析という手法を用いて、〝要はどんな要素が幸せな心につながるのか〟を整理したものです。

ざっくり言うと、この４つの因子を満たすことで、幸せな心のあり方や心がけにつながってくるということです。

その4つの要素は、「やってみよう因子（自己実現と成長の因子）」、「ありがとう因子（感謝とつながりの因子）」、「なんとかなる因子（まえむきと楽観の因子）」、「ありのまま因子（独立と自分らしさの因子）」です。

小さなことでも大きなことでも、「やってみよう」と取り組み、周りとのつながりや「ありがとう」を大切にし、「なんとかなる」と考えて挑戦し、人と比べすぎず、「ありのまま」でいる。そんな人は幸せであるということです。

逆に言えば、言われたことだけを行い、主体的には何もやってみない、周りとのつながりは持たず、感謝もしない。何事もなんとかならないと、挑戦せず、人と比べ続ける。こんなことができれば、科学的に不幸せになれる、とも言えます。

なお幸せの4つの因子について言えば、これは現時点ですべて満たしている必要はなく、これらの因子を高めていけば、科学的により幸せになっていくことができる、より幸せになっていく可能性が高まるということです。

他にも、幸せについてのさまざまな分類方法はありますが、数ある研究から統計的に導き出された分類であるため、より精度の高い分類といえます。

また、この4つの因子は、幸せについて考えるときのフレームワークとしても使うことができます。この4つの因子について考えれば、幸せについての大体の部分について考えることができるのです。

たとえば、自分の仕事について、「やってみよう」をどう高めるか、「ありがとう」をどう創り出すか、どうしたら「なんとかなる」と思えるか、「ありのまま」でいられるか、を考えることができれば、幸せについての大切なことは大体が網羅できます。

会社であれば、新たな施策を打つ際には、その施策で皆と「やってみよう、ありがとう、なんとかなる、ありのままに」をどう高めていくかを考えれば良いでしょう。これについては、後ほど詳細を記載しています。

上記の４つの因子は、それぞれが高まると、幸福度も向上します。一方で幸福度がとても高い方々は、総じて４つの因子がバランス良く高水準です。

たとえば、「やってみよう」はとても高いけれども、周りとのつながりは少なく、「ありがとう」もない。それでは人はそれほど高い幸福度になりません。一方で、周りとのつながりを大切にし、「ありがとう」にも溢れている。しかし、「やってみよう」と思うことはなく、日々たんたんと生活している。そんな人も、そこまで高い幸福度にはなりません。

それぞれの項目を高めていくことも大切ですが、バランスについても着目できると良いでしょう。

また、幸せについて知っておいてほしいことを補足すると、１つ目は「幸せはうつる」ということです。ハーバード大学のクリスタキス先生によると、幸せな人に会うと幸せになる確率が15％程度向上するといわれています。自分自身が幸せであるということは、それによって周りも幸せにしているということです。また、周りを幸せにするということは、回り回って自分自身を幸せにするということでもあります。

幸せの大分類

最後に整理しますと、幸せには次に示す分類があります。そしてそれらを網羅的に見える化することができるのが、幸福度診断Ｗｅｌｌ－ＢｅｉｎｇＣｉｒｃｌｅというサービスです。そちらについては次章で解説します。

［1］健康：ストレスの低さ・主観的健康力
［2］心：幸せの4つの因子、性格傾向
［3］環境：社会の幸せ力（地域・家庭）、職場の幸せ力
［4］地位財

オススメ書籍

前野隆司『幸せのメカニズム実践・幸福学入門』（講談社現代新書）幸せな心のあり方に大切な「幸せの4つの因子」について解説しています。

第2章

幸福度診断「Well-Being Circle」とは

幸福度を測るとは

幸せは1人1人違うものだから、そもそも数値にできるのか？　と思う方もいるのではないでしょうか。たしかに、幸せは数値で表現できるものだけではないと、私も思います。「本当に大切なものは数字にできないのに、なんで大人は数字が大好きなの？」という『星の王子さま』の一節もあります。

一面ではその通りなのですが、数値化するからこそ見えてくることもたくさんあります。何より、幸福度診断を使うことで、自らの幸せについて考え、行動に移している方々から、たくさんのレビューやコメントが寄せられます。それを見るにつけ、数値化が難しい〝幸せ〟という概念をあえて数値化することに意味があったと痛感しています。

普通に生活をしていると、自分の幸せについて考える機会がない方がほとんどです。健康診断と同じようにいまの幸せ度を診断し、より幸せに生きていくためのきっかけや行動を考えてみる。診断を通して、そのような時間をつくっていただけたら、幸いです。

幸福度診断Ｗｅｌｌ－Ｂｅｉｎｇ Ｃｉｒｃｌｅとは、株式会社はぴテックが、幸福学の第一人者である前野隆司教授と共同開発した、幸せの見える化サービスです。17万人以上の方に診断いただいている日本最大級の幸福度診断となります。

72問のアンケートに答えることによって、34項目にわたってあなたのウェルビーイングを調べることができます。この34項目は、いずれも幸福度と相関することが研究によって検証された項目ばかりです。

つまり、幸せに関係のある項目を幅広く、多方面から診断することができるのです。もちろん、幸せに関係のある項目をすべて網羅しているわけではありませんが、研究や実際の診断を通してわかっている、幸せとの関係がとくに高い項目ばかりを取り上げているのです。

この幸福度診断は、個人に関しては、アカウントを作成すれば、何度計測しても無料です（ただし企業・事業体などにおける幸福度の集計・分析・アドバイス等は有償となります）。なお幸福度は、健康と同じように、人生の歩みの中で刻々と変化していくことも知られています。健康管理と同じように、幸福管理を行って、健康で幸せな生活を送ってみましょう。

診断を行う前に

幸福度診断の結果を見る際には、次の前提を頭の片隅においていただければと思います。

①結果をポジティブに捉える

数値が高ければ、「あぁ私って幸せなんだなぁ」。数値が低ければ、「おぉもっと幸せになるための伸びしろがあるんだなぁ」ということです。現状をポジティブに受け止めれば、あとは、高めていくだけです。診断は、自身の強みと伸びしろを把握するためのものと、考えてください。

②あくまで統計データと考える

あくまで統計的に、〝数値が高いほうが幸せである傾向が高い〟ということを示しているということです。個人で見れば、その傾向に載ってこない外れ値的な人もいます。ですから、診断結果の数値を過信しすぎず、現状を把握し、これから高めていきたいと思う項目を見つけることが有益です。

③楽しみながら、幸せになっていく

数値が高かった項目は得意なところですから、より高めるための行動に取り組みやすい。一方、数値が低かった項目は苦手なところですので、高めていくのは大変ですが、伸びしろもあるので効果は大きいです。どちらの場合も、これから高めていきたいと思う項目を見つけ

診断はこちらから

https://well-being-circle.com/

て、楽しみながら行動につなげていきましょう。
要するに、より幸せに生き、働くために、診断結果を使っていただければ幸いです。

活用方法・STEP1〜3

STEP1：診断結果を見る

●表やチャートで、全体像を把握する

診断結果はいつでも幸福度診断WBCのページから見ることができます。まずは、表やチャートを確認し、自分の幸せの全体像を捉えてみてください。

＊高い数値が出たところは、なぜなのでしょうか。
＊どんな項目が、とくに自分の幸せに大きな影響を与えているでしょうか。
＊これから、どんな項目を伸ばしていくと、より幸福度が高まりそうでしょうか。
＊明日から、どんなことを行えば、より幸福度が高まっていきそうでしょうか。

●あなたの幸せなところ（幸せのかたち）、**幸せになる余地があるところを見る**

次に、〝幸せのかたち〟や〝あなたの幸せを支える5つの特性〟を確認してください。

これは、とくに高い結果であった項目を示しています。謙虚な方ほど謙遜してしまいがちですが、ぜひ否定せずに一度味わってみてください。

STEP1
診断結果を見る

●表やチャートで、全体像を把握する

幸福度詳細（太田雄介）

最新: 2020年08月12日(水) 14:49　比較: 一般平均

幸せのかたち　偏差値表示　幸せの振り返り　履歴

	幸福度	Well-Being	やってみよう力	ありがとう力	なんとかなる力	ありのまま力	BigFive性格傾向	健康力	ストレスの低さ	社会の幸せ力	職場の幸せ力	地位財	その他回答
最新	92.6	82.1	94.9	94.3	96.4	100	91.4	100	71.4	100	94.6	87.5	-
一般平均	63.0	56.1	65.3	64.4	62.7	59.3	64.5	63.6	53.4	69.6	63.3	58.1	-

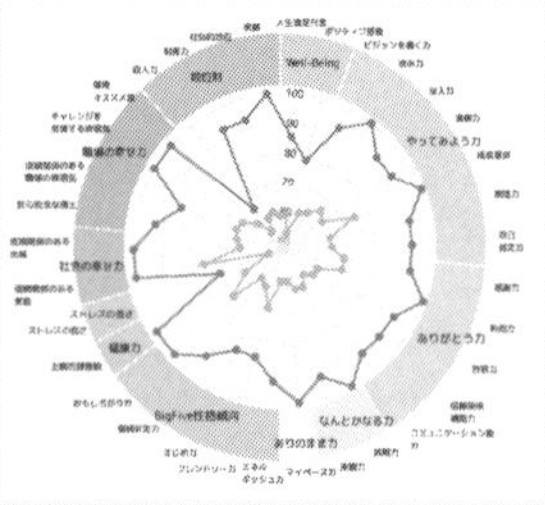

●あなたの幸せなところ、幸せになる余地があるところを見る

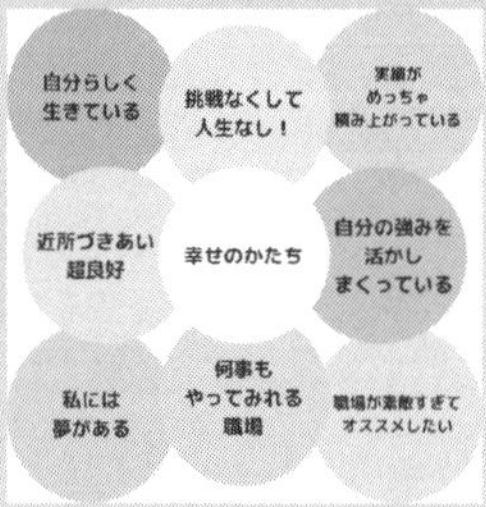

あなたの幸せを支える5つの特性

ありのまま力
1: マイペース力

地位財
2: 実績

やってみよう力
3: ビジョンを描く力

職場の幸せ力
4: 職場オススメ度

なんとかなる力
5: 挑戦力

あなたがもっと幸せになる余地のある5つの特性

地位財
1: 収入力

ストレスの低さ
2: ストレスの低さ

BigFive性格傾向
3: フレンドリー力

職場の幸せ力
4: 信頼関係のある職場の雰囲気

ありがとう力
5: 感謝力

また、〃あなたがもっと幸せになる余地のある5つの特性〃も確認してみてください。これらは、あなたにとって伸びしろの大きい項目です。強みの項目よりも、向上させていくことが難しい部分もありますが、少しずつ向き合っていけると良いでしょう。

STEP２：結果を振り返る

結果を味わってみる診断結果を見て、どう感じましたか。これから、どんなことを行ったら、より幸せになれそうでしょうか。

幸福度向上ガイド

https://www.lp.well-being-circle.com/guide

幸福度向上ガイドを見てください。各項目の詳細や、向上方法の例が載っています。こちらも参考にしてみてください。

また、本誌の第3章には、幸福度向上ガイドよりも詳しく各項目を説明しています。1つか2つの項目に着目して、向上させるための行動に移してみてください。行動に移せれば、幸福度は向上します。

●〃幸せの振り返り〃機能を使ってみる

振り返りを記録に残し、アクションプランを立てることができます。すべてを記載するのは大変かもしれませんが、この機能を使った方は幸福度が驚くほどに向上しています。最初は、すべてを埋めるのが難しいかもしれませんが、埋められそうな箇所を埋めてみてください。仮に言葉が出てこなかったとしても、考えてみるだけでも、効果があります。

是非振り返りまでを1セットとして、診断を実施してみてください。

STEP3：定期的に測る

●定期的に測ってみる（1カ月、3カ月、半年、1年ごと）

幸福度は、健康と同じように、人生の歩みの中で刻々と変化していくことも知られています。ぜひ定期的に測ってみてください。定期診断を促すためのリマインドメールもあります（通常1、3、6、12カ月ごとに配信されます。アカウント設定からリマインドメールを配信しない設定も可能です）。

●幸福度の推移を見てみる

2回目以降の診断では、前回との差分をよく見てください。初回の診断では、平均値との比較しかできませんが、2回目以降は前回との比較が可能です。上がったところ、下がったところ、それぞれどのような影響がありましたか？　ぜひ振り返りを行って、より幸せに生活するためのコツを見出してください。

●再度〝幸せの振り返り〟を行ってみる

STEP2
結果を振り返る

●結果を味わってみる

診断結果を見て、どう感じましたか。
これから、どんな事を行ったら、より幸せになれそうでしょうか。

●幸福度向上ガイドを見てみる

●"幸せの振り返り"を行ってみる

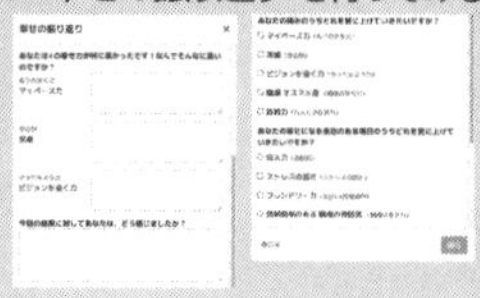

STEP3
定期的に測る

●定期的に測ってみる
(1ヶ月、3ヶ月、半年、1年ごと)

●幸福度の推移を見てみる

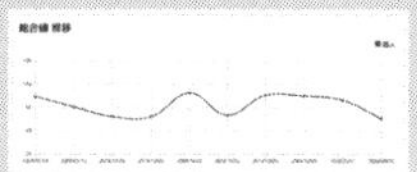

●"幸せの振り返り"を行ってみる

〝幸せの振り返り〟を再度行うことで、より自分の幸せについて深く知ることができます。振り返りは、幸せの原因追及につながります。自分のどんな行動が影響したのか、どんな考え方がそれを支えるのか。正解はないので、自分がどう感じているのかを、ぜひ言語化してみてください。

定期的に振り返りを行っている方には、落ち込んでいても幸せに貢献できていると気づけるし、浮かれていても地に足がつく。そんな大事な習慣と捉えていただいています。

活用方法・チーム編

1人で幸福度診断を行い、振り返り、向上させていくのもオススメですが、それ以上に効果的なのは友人や会社のチームメンバーなど、周りのみんなと一緒に診断を行うことです。

そして共に診断を行った後に、ぜひ、みんなで診断結果について対話をしてみてください。1人で行った場合に比べても、継続しやすく、幸福度も向上しやすいことがわかっています。また、一緒に対話を行ったメンバー間での信頼関係の醸成なども期待されます。

対話については、前回診断以降に取り組めたこと、これからのアクションを話し合うなど、フリーに行うのも良いのですが、〝幸せの振り返り〟機能を使って振り返った内容を共有しあう方法もオススメです。

こちらについては、対話用の動画を用意していますので、メンバーと一緒に見ながら実施してみてください。もちろん慣れてきたら、動画なしで対話してもかまいません。

他にも、「〝幸せのかたち〟を、心をこめて読む」「幸せを支える5つの要素の紹介と、とくにどの項目が自分の幸せを支えてくれているか」「幸せを支える5つの要素をこれからどう発揮していくか」など、各自の強みにフォーカスして対話するようなかたちもオススメです。慣れてきたらオリジナルの要素も取り入れながら、さまざまな形式での対話を行ってみてください。

振り返り用動画（対話用）

https://www.lp.well-being-circle.com/post/movie_for_book

なお、診断結果をもとにした対話をオススメしている背景として、①自己開示をすると幸福度が向上する。②深い話をすると、幸福度も高まり、かつ相手との信頼関係も高まる。ということがわかっていることが挙げられます。自分の幸せや相手の幸せについて話す機会は友人同士でも、ましてや会社のメンバー間でも、なかなかない経験だと思います。そこで、実際に行うと、驚くほど良い対話の場となり得るのです。

第3章

個人における幸福度の高め方

幸福度は各カテゴリー・項目から高める

3章では、2章で紹介した幸福度診断の結果をもとに、どうすれば幸福度をもっと高められるかを述べていきます。

幸福度を高める方法は、ある意味とてもシンプルです。「幸せになるには、どうすればいいか」を考えればいいのです。とはいえ、やみくもに「幸せになりたい」と考えるのは危険です。「幸福度を高めようとすると、逆に不幸せになる」という傾向があることが、さまざまな研究からわかっています。

理由の1つは、幸福度の高め方がわからないのに、やみくもに考えるだけだと、「幸福度を高めなければ！」という渇望ばかり募るからです。

その対策として大切なのは、幸福と相関があるさまざまな項目を高めることです。その幸せと相関があるさまざまな項目が、まさに幸福度診断で診断した34項目です。

34項目は、それぞれ「やってみよう力」「ありがとう力」など11のカテゴリーに分類されています。幸福度を高めるうえで一番簡単なのは、これら11のカテゴリーの1つ、または34項目の1つに絞って高めていくことです。

たとえば「ありがとう力」に絞って高めていく。あるいは「ありがとう力」の中でも、とくに「感謝力」に絞って高めるといった具合です。

各項目間には相関があるため、1つのカテゴリー、あるいは1つの項目を高めるだけで、全体の幸福度も高まっていきます。「やってみよう力」を高める行動をとれば、「やってみよう力」が高まると同時に、他の項目のスコアも高まるのです。

たとえばカテゴリーの1つ「やってみよう力」を高めようと、さまざまなことに挑戦してみます。成功させるには、周囲の人たちの協力が必要になります。それが仕事なら協働が必要になります。結果として別のカテゴリーの「ありがとう力」も高まっていくのです。

あるいは「ありがとう力」を高めたいと思ったとします。この場合、周りの幸せのために何かを行う必要が出てきます。結果として「やってみよう力」も高まるのです。

「ワクワクする」項目から始めるのも手

1つのカテゴリーまたは1つの項目を高めるだけで、幸福度全体が上がることは、さまざまな研究、実践を通して実証されています。そしてもう1つわかっているのが、より幸福度を高めたいなら、すべての項目をバランスよく高めたほうがいいということです。いずれかの項目は高いけれど、他の項目が低い状態では、幸福度が高まりきらないからです。

たとえば「やってみよう力」は非常に高いけれど、「ありがとう力」や「ありのまま力」

「職場の幸せ力」などが低いというケースはよく見られます。「成果がすべて」といった企業に見られる傾向で、自分は「やってみよう」といろいろなことに挑戦する。とはいえ、すべて1人で行ったのでは、周りとのつながりが生まれません。職場の同僚についても、仲間でなく「競争相手」としか見ていない。結果として「ありがとう力」や「職場の幸せ力」などが低くなるのです。このような場合、バーンアウトしてしまう可能性もあります。

あるいは「ありがとう力」は高いけれど、「やってみよう力」や「なんとかなる力」などが低いケースです。古くからある企業にありがちな傾向で、職場の関係性はよく、運動会や飲み会なども頻繁に開かれている。けれども新しいことにチャレンジする意欲はなく、ぬるま湯的な働き方になっている。

いずれのケースも、幸福度が高まりきらない傾向にあります。では具体的に、どの項目から上げていけばいいかというと、まずは幸福度診断でスコアの高い項目から始めることをお勧めします。つまり、自分の強みの部分です。

もともと高いものをさらに上げるのですから大変ではありますが、強みは得意分野でもあります。得意なことに取り組むことは活力にもつながり、強みに着目したほうがポジティブに行動できるのです。

「やってみよう力」が強い人が、さらに「やってみよう力」を高めれば、「ありがとう力」

や「ありのまま力」とのバランスが取れなくなるのではないかと思うかもしれませんが、そうはなりません。

本書で提案する各項目の高め方は、すでに述べたように、いずれも他の各項目とつながっています。「やってみよう力」を高める取り組みを行っているうちに、自然に「ありがとう力」や「ありのまま力」も高まり、最終的にバランスが取れるようになります。

一方でスコアが低い、つまり自分の弱みの部分は、もともとが低いので、それだけ伸びしろがあるとも言えます。効果を実感しやすいことは確かで、「この項目を絶対に上げたい」という強い想いがあるなら、こちらから取り組むのも１つです。

そう考えると、どちらからでも良いと言えますが、基本的には強みをさらに高めることから始め、慣れてきたら伸びしろの多い、弱い部分に着目する流れが望ましいでしょう。

あるいはスコアにこだわらず、34項目の中で一番「ワクワクする」「面白そうだ」と思えるものから始めるのもお勧めです。積極的に「やってみよう」と思えることが、幸福度を高めるには何より重要です。この後で紹介する各項目ごとのワークなどを見て、面白そうと思えるものがあれば、ぜひチャレンジしてみてください。

大切なのは日々の行動を変えること

幸福を英語に訳すと一般に「Ｈａｐｐｙ」になりますが、もう１つ「Ｗｅｌｌ－Ｂｅｉ

ngといういい方もあります。直訳すると「よき（Well）＋あり方（Beingビーイング）です。つまり「あり方をよくする」ことが、幸福につながるのです。

あり方はパソコンで言えば、OS（基本ソフト）を変えるのに近い感覚かもしれません。

私自身、いくつかの出来事を通じて〝OS〟が変わるような感覚を得ました。

たとえば森の中での3日間のリトリートに参加したとき、インドやアフリカに1カ月ほど滞在したときも、大きな衝撃とともに、あり方が大きく変わるのを感じました。

他にもネイティブアメリカンの儀式を体験したときです。「スウェット・ロッジ」と呼ばれるサウナのような小屋で4、5時間過ごし、自分の内面と向き合う中で、自分の「あり方」が変わっていくのを感じました。

また大きな挫折や大病を経験して、自分のあり方が変わったという人の話は、よく聞くところです。

衝撃的な体験が、内面を大きく変えるきっかけになりやすいのは確かです。とはいえ、これらは誰もが体験できるものではありません。そこで本書で提案したいのが日々の行動を変えることで、それによってあり方も変わっていくという方針です。

衝撃的な体験に比べて地道ではありますが、いますぐ始められるうえ、コストもかかりません。ある意味、ノーリスクです。あり方が変われば行動が変わるように、行動を変えることで、あり方も変えられます。幸せにつながる行動を続けることで、幸せな気持ちも抱きやすくなっていくのです。

実際、私が研修で携わった企業では、半年間、自分と周りの人たちの幸福度を高める取り組みを行うことで、研修の前と後で別人のように変化した人が大勢います。「笑顔で挨拶しよう」「ポジティブな面に目を向けていこう」と決めて本書に掲載しているような内容に本気で取り組んだところ、行動を変えただけなのに、あり方も大きく変わったと感想を語る人も少なくありません。幸福度を調べても、やはりスコアが大きく上がっています。

あり方を変えていくことも大切ですが、まずは日々の行動を少しずつ変えてみてはいかがでしょうか。

守破離～まずは「守る」～

また行動するにあたって、もう１つ覚えておいていただきたいのが「守破離」という考え方です。

本書で提案する取り組みやワークは、科学的調査や診断を受けた数十万人以上の実践などをもとに考えられたものです。最初のうちは、これら従来から積み上げられてきた知見を「守」る。効果を感じるようになれば、それを「破」り、自分なりのオリジナリティを加えていく。最後はそこからも「離」れ、自分だけのオリジナルのやり方に昇華させる。

行動を通じて、どんどん自分らしいやり方を見つけていってください。

また本書では、1つの項目でさまざまな方法を紹介しています。試してみて自分の幸福につながらないと思うものであれば、やめて別の方法に取り組んでください。1人1人の幸せが違うように、幸福度を高める方法も自分に合ったやり方を見つけてください。

行動の習慣化に大事な「振り返り」

そして行動を起こしたら、それを振り返ることも大事です。まずは寝る前に今日やれたことを思い出したり、記録したりしてみます。これにより行動が習慣化しやすくなります。

毎日が無理でも、たとえば1カ月に1度、振り返りの時間を設ける。できればスケジュール帳に「10月30日、22時から23時まで振り返り」などと書き込み、この1カ月間でできたこと、感じたこと、自分自身に起きた変化などを振り返ってください。変化が感じられるほど「これからも継続しよう」「新たな課題にチャレンジしてみよう」といった意欲も湧いてきます。

また「振り返り」を仲間と一緒に行うことも効果的です。誰かと幸福度診断を一緒に受けたら、お互いに目標を掲げ、定期的に振り返りの時間を設けるようにすれば、効果はいっそう高まります。活用方法・STEP1～3も参考に、幸福度をみんなで高めてみてください。

以上、幸福度を高めるにあたっての知っておいてほしいことをお伝えしました。次から幸福度診断で示す11のカテゴリーと34項目について、それぞれが示す意味や高める方法をご紹介していきます。

幸福度を高める11のカテゴリー 1

ウェルビーイング（Well-Being）

総合的な幸福度を示すウェルビーイング（Well-Being）

幸福度診断におけるウェルビーイング（Well-Being）は、総合的な幸福度を示しています。「人生満足尺度」と「ポジティブ感情」の2つから成り、中長期的な幸福度を示すのが「人生満足尺度」、短期的な幸福度を示すのが「ポジティブ感情」です。

他の項目のスコアが低くても、この項目が高ければ、おおむね幸せと言えます。以下に「人生満足尺度」「ポジティブ感情」それぞれについて解説していきます。

ウェルビーイング（Well-Being）① 人生満足尺度

中長期的な幸福度を示す「人生満足尺度」

幸せには、タイムスパンがあります。一般に「幸せですか?」と聞かれたときの幸せは、短いタイムスパンを想定されることが多いです。「ちょっと気分がいい」「ギャンブルで勝った」「おいしいものを食べた」といった、快楽に近い部分が大きく関係してきます。

これに対し人生満足尺度が示すのは、人生を終える際に「本当に幸せな人生だった」と思えるような幸せです。「幸福学の父」と言われるアメリカの心理学者エド・ディーナー氏が開発した尺度で、中長期的な幸せを数値化したものです。

もちろん、これだけで完全に幸せが測れるわけではありませんが、現段階では最も確かな指標とされています。「急に会社をクビになる」など大きなショックを受けると、スコアが5～10ポイント下がることが報告されています。

他の項目を上げることで人生満足尺度も上がる

人生満足尺度は、他のすべての項目と相関があります。つまり他の項目を向上させることで、人生満足尺度も向上します。人生満足尺度自体を向上させる方法もありますが、こちらは難易度が高く、まずは他の項目の向上を目指してください。それにより人生満足尺度も向上し、幸せな状態に至ることができます。

参考までに、人生満足尺度を、直接向上させる方法も挙げておきます。以下の４つの質問について考えるというものです。

１　あなたにとって理想の人生とは何ですか。いまの生活を理想に近づけるには何をすればいいですか。

２「私の人生はとても素晴らしい！」と思えた時期はありますか。現在を同じ状態に近づけるには何をすればいいですか。

３　どのような状態であれば人生に満足できますか。そうなるために何をすればいいですか。

４　自分の人生に求める大切なものは何ですか。それを得るために何をすればいいですか。

ウェルビーイング（Well-Being）②　ポジティブ感情

短期的な幸福度を示す「ポジティブ感情」

中長期的な幸せを示す人生満足尺度に対し、短期的な幸福度の指標となるのがポジティブ感情です。ポジティブ感情のスコアが高い人は、次のような特徴があります。
・ストレスがかかっても回復が早い。
・すぐに全体像をつかめ、物事を効率的に決定できる。
・創造性が高い。
・人とのコミュニケーションを楽しむ。
またポジティブ感情は感染力が高く、ポジティブ感情のスコアが高い人は、周りの人もポジティブにする傾向があります。「チームを明るくするには、ポジティブな人を1人入れるといい」という研究もあるほどです。

ただし、ポジティブ感情が強すぎると、注意深さや分析力が落ちやすい傾向があるとも言われます。「ポジティブ1」に対し、「ネガティブ1～3」ぐらいがバランスのよい比率とされます。一方で、人はネガティブなほうに目が向きがちであるため、まずはポジティブを増やすことに注力するのが良いでしょう。

ネガティブ感情というと悪いことのように思われがちですが、リスクに気づきやすいといったメリットもあります。京セラの創業者・稲盛和夫氏の言葉に「楽観的に構想し、悲観的に計画し、楽観的に実行する」というものがあります。大切なのはネガティブもポジティブも味わいきること、その中でポジティブを増やし、比率を上げていくことなのです。

寝る前に今日よかったことを3つ思い出す

ポジティブ感情を高めるワークとしては、「毎日寝る前に、今日あった3つのよかったことを思い出し、日記などに残す」というものが有効です。人間は最後の印象が最も記憶に残ります。今日よかったことを寝る前に思い出すことで、1日全体がよかったように記憶されるのです。

はぴトレ

https://www.lp.happy-training.jp/

また人間は「これを見つけたい」と思うと、それを見つける力が強く働くようになります。ポジティブなことを見つけようとすると、日頃からポジティブな部分に目を向ける習慣や力が養われます。これも寝る前にポジティブなことを思い出す効果の1つです。

私の経営する「株式会社はぴテック」では、思い出した3つのよかったことを日記につけるアプリ「はぴトレ」を無料で提供しています。スマホはもちろん、パソコンでも利用できます。興味のある方は試してみてください。40万件以上のよかったことが投稿されています。

幸福度を高める11のカテゴリー 2

「やってみよう力」

やってみよう、は幸せと成功につながる

幸せな心のあり方には、「幸せの4つの因子」が重要です。これが幸福度診断のカテゴリー［2］～［5］にあたる「やってみよう力」「ありがとう力」「なんとかなる力」「ありのまま力」です。この4つの因子のうち、自己実現と成長に大きく関わるのが「やってみよう力」です。

実際のところ、自己実現している人や成長している人は、幸福度が高い傾向にあります。また「やりたかった仕事に従事している人」「自分の強みを発揮できている人」「集中して頑張れることがある人」「夢や目標を実現しようとしている人」なども幸せです。夢や目標に向かってワクワクするときに出る脳内ホルモンの1つ、ドーパミンによる幸福とも言えます。

2022年のイグノーベル賞を受賞した研究の1つに、人の成功は何に依存するかをゲーム理論でシュミレーションしたものがあります。そこからわかったのは「能力は成功に

比例しない」「成功するかどうかは『運×チャレンジした回数』」ということです。何事も「やってみよう」とチャレンジする回数を増やすことが、成功の条件なのです。やってみよう因子を高めれば、それ自体が幸福度を高めるうえ、成功する確率も高まるのです。

やってみよう力は「ビジョンを描く力」「強み力」「没入力」「満喫力」「成長意欲」「創造力」「自己肯定力」から成ります。以下、順番に解説します。

やってみよう力①　ビジョンを描く力

ワクワクする未来を描く力が「ビジョンを描く力」

幸せな人は大局的に物事を見て、そうでない人は目先のことばかりに目が向いてしまうことが、さまざまな研究からわかっています。また将来に対する希望やポジティブな展望を持っていると、ネガティブな出来事を一時的なものと捉え、うまく乗り越えていけることも知られています。

そんなポジティブな未来、自分がワクワクする未来を描く力が「ビジョンを描く力」です。たとえば学生時代に部活動をしていた人は、当時を思い出してください。試合に向けて練習しているときと、ただ漫然と練習しているときでは、どちらが楽しかったでしょう。ダンスや吹奏楽、演劇などであれば、発表会に向けて練習をしているときと、そうでないときでは、どちらが楽しかったでしょう。

あるいはゲームで「BOSS」を倒すときです。「BOSSを倒してエンディングを迎えるまで」と「BOSSを倒してから」では、どちらがワクワクするでしょう。「BOSSを倒す」というビジョンに向けてプレイするときのほうが楽しいのではないでしょうか。

目標やビジョンのあるほうが楽しくなるのは、人生や仕事も同様です。ビジョンを描く力は人生や仕事を楽しみ、充実したものにするうえで非常に重要な要素となります。

ビジョンは周囲が呆れるような壮大なものでも、個人的な小さなものでもかまいません。達成できるかどうかよりも、ビジョンに向けて歩んでいることが幸せには大切なのです。

ドラマや映画、マンガなども、多くはビジョンに向けて歩む姿を描いています。ビジョン達成後を描くストーリーが人気を博すことは、あまりありません。ビジョンを追っているときこそが楽しく幸福であるという、1つの証であるといえます。

もちろん実現する可能性も、ビジョンを描いたほうが高まります。アメリカの社会学者ロバート・キング・マートン氏は「自己充足的予言」という考え方を提唱しています。自分自身への期待やビジョンを持つことで、それが実際に行動に移され、実現していくのです。

社会学だけでなく心理学の分野でも、この考え方に近しい研究は多くあります。つまりビジョンを描くことは、幸せだけでなく、その実現に近づくことでもあるのです。

ビジョンを描く力を高める3つのステップ

ビジョンを描く力を高めるには、次の3ステップで物事を行うと効果的です。

［ステップ1］小さくてもいいからビジョンを描き、行動する。
［ステップ2］視座を高める。
［ステップ3］大きなビジョンを描き、行動する。

それぞれについて、ご説明します。

［ステップ1］小さくてもいいからビジョンを描き、行動する

まずは、どんなに小さくてもよいのでビジョンを描き、行動してみます。「あまり不機嫌にならないようにする」「幸福度診断の項目を1つ高める」「仕事で1日に1つ工夫をする」「毎日職場で挨拶をする」「家族と会話する時間を毎日30分とる」といった具合です。できる限り身近で、かつ「これができたらいいな」とワクワクする事柄を描き、まずは毎週、もしくは毎月単位でやってみてください。ここでは、小さな成功体験を積んでいくことも大切です。

［ステップ2］視座を高める

人は幸せだと視座が高まることがわかっています。視座とは、物事を認識するときの立ち位置です。［ステップ1］のように小さなビジョンを描いて行動していけば、幸福度が高まり、視座も高まってきます。そのうえで、さらに視座を高める2つの考え方をご紹介します。

1つは、物事の根本的な意味を考える癖をつけることです。物事の根本的な意味を考えることは、視座を高めるうえで大事です。たとえば、いま行っている仕事の根本的な意味は何なのか。

私の場合、いま行っている仕事の1つは、本書の執筆です。これを近視眼的に考えると、毎日一定時間パソコンに向かい、文字を打つ作業になります。一方、本書を書くことで「日本中に幸せな会社や人を増やし、さらには世界中の幸せを増やしていく」という目的もあります。これが視座を高めた考え方です。こう考えることで、モチベーションも大いに高まるのです。

同じことはどんなことにも言えます。たとえば、コピー取りの仕事です。資料をコピーすることで、会議が円滑に進む。その結果、素晴らしい製品が生まれ、その製品を使う人に笑顔を届けられる。そう考えればモチベーションも大きく違ってくるはずです。

自分が考えた根本的な意味が、正しいか正しくないかは関係ありません。あくまで自分の中での意味づけなので、そこに不正解はありません。あなたがそう思った、ということが大事なのです。ぜひ物事の根本的な意味を考える習慣をつけてください。

そしてもう1つは、自分の中にある限界を取り払うことです。自分で限界を決めることで、視座が高まるのを妨げてしまう可能性があるからです。

限界を取り払うには「私は時間も能力もお金もすべて持っている」と妄想してみるといいでしょう。そのうえで自分の望みを実現するにはどうすればいいか、1つずつ考えて、行動にうつしていきます。

たとえばアメリカ大統領になるには、どうしたらいいか。日本生まれ日本育ちの私には、かなりの難問ですが、自分の中の限界を取り払って妄想してみます。

アメリカ憲法の第2章第1条には、大統領の被選挙権について「35歳以上かつアメリカ合衆国に14年以上住み、出生による市民権を保持している」といったことが書かれています。年齢と在住は、これから何とでもなりそうです。ただしアメリカ生まれでない私は、出生による市民権の獲得は難しくなります。

そうなると該当個所を改正する必要があります。憲法改正はハードルが高いですが、議会の承認を得れば可能なので、まずは議員になることを考えます。調べると議員はアメリカ生まれでなくても、なれることがわかりました。

つまり「アメリカに移住したうえ→アメリカの議員になる→みんなに思いを伝えて憲法

改正する→大統領選に出馬する」といったルートをたどれば、大統領になることも不可能ではないわけです。どうでしょう、アメリカ大統領になれる気がしてきませんか？

もちろんハードルは高いのですが、少なくともアメリカ大統領を目指して行動することは可能です。そしてそのために行動する日々こそが、幸せにつながっていくのです。

「自分には無理」だと思うとき、それは無理ではなく「なぜできないか」がわかっていないだけということは多いものです。妄想を広げ、恒大なビジョンや夢を描き、それを現実に落としていきましょう。

［ステップ3］大きなビジョンを描き、行動する

小さなビジョンを描いて行動し、さらに視座を高めていくと、壮大な夢やビジョンも描けるようになっていきます。もちろん大きければいいわけではありませんが、幸せだと視座が高まってくるので、自然にどんどん大きな夢やビジョンを描くようになってきます。

「世界を平和にしたい」「職場のみんなを幸せにしたい」「生涯幸せな家庭を築きたい」など、みなさんの大きなビジョンを聞いてみたいものです。

大きなビジョンは、ゼロから考える方法と、いまの延長線上で考える2つの方法があります。

私の場合、ITコンサルタントとして働いていた時代に「世界中の人を1人残らず幸せにしたい」というゼロから大きなビジョンを描きました。もっともこれは客観的に見ればなかなかに変人で、万人にお勧めできるものではありません。

それよりもＩＴコンサルタントなら「ＩＴを使って世界中の人をつなげ、幸せなつながりを最大化する！」、レンガ職人なら「後世に残る大聖堂を建てて、町の人びとを幸せにする！」のように、いま取り組んでいることを通して大きなビジョンを描くほうが〝妄想〟も具体的になり、実際の行動にも移しやすいでしょう。

ぜひいま取り組んでいることを通じて大きなビジョンを描き、実現に向けて行動していってください。

「大きなビジョン」と「小さな一歩」をワンセットに

大きなビジョンを描くことは、やってみよう力を高め、幸福度を高めることになりますが、１つ注意点があります。大きなビジョンだけだと、達成までの道のりが遠すぎて、何をしていいかわからなくなったり、途中で力尽きて動けなくなったりしがちです。大きなビジョンを持った場合は、そのために「今年」「今月」「今日」何をするかを具体的に描いてください。ざっくりスケジューリングするだけでもかまいません。

たとえば「みんなが幸せな会社をつくる」なら、「最初の半年は自分がとことん幸せになる」「次の半年で自分のチームを幸せにする」「２年目には会社全体を幸せにする」といった具合です。最初はざっくりでいいのでスケジュールをつくり、行動する中でそのつど修正していけばいいのです。

ビジョンは変えてもいい

大きなビジョンを描いて行動していくうちに、最初に考えたビジョンが変わっていくこともあります。その場合、新たなビジョンに向けて、新たな一歩を踏み出すのも1つですが、そうではなく、少し行動してから本当に変えるかどうか決めることをお勧めします。行動にうつしてみないと、新しいビジョンが本当にやりたいことか否かを、判断できないからです。

また変える場合は、いままで描いていたビジョンを、いったん抽象化してみるのも手です。それをもとに別の具体案を考えるのです。

私の場合、「世界の恵まれない人を幸せにするにはお金が必要だ、お金と言ったらビルゲイツさん、ビルゲイツさんといったらＩＴだ」と考えてＩＴのコンサル職につきました。ところが、よくよく見てみるとそもそも経済的に恵まれている国も、あまり幸せではない人が多い。と考え、「世界の人びと1人残らず幸せにする」という新たなビジョンを描き、まずは日本で幸福度を高めるためのさまざまな取り組みを行っています。幸せという抽象化したキーワードを元に、ビジョンを変えたのです。

最初に描いたビジョンの中に、自分にとっての幸せのキーワードが潜んでいることは少なくありません。自分が幸せになれるビジョンを考えるうえで、最初に描いたビジョンはヒントになることが多いのです。

最後は、「えいっ！」と決めて行動する

企業研修などで「ビジョンを描く」という話をすると、よく「本当にやりたいことが見つからない」と言う人がいます。これは先に述べた、ビジョンを高める3つのステップを実践する中で、しだいに見つかっていきます。

ただし頭の中で考えるだけでは、本当にやりたいことを見つけるのが難しいことも確かです。細かく分類していけば、世の中の仕事は無数にあります。まだ世の中にない仕事が、本当にやりたい仕事という可能性もあります。そう考えれば頭の中で考えているだけで、最適なものを選ぶのは不可能です。

そこで大切なのが、ある程度の見切り発車でも、「えいっ！」と決めて行動することです。行動するうちに、やりたい想いが募ってきますし、ビジョンも鮮明になってきます。そしてそれが、やがて本当にやりたいことになっていきます。それを幸せと思える自分もつくられていくのです。人間には行動するからモチベーションが高まるという特徴があるのです。

「頭空っぽのほうが、夢詰め込める」という格言がありますが、まさにその通りなのです。

やってみよう力② 強み力

「強み」を活かせる職場は幸せな職場

何かに取り組むとき、強みを活かせる人は幸せです。強みを活かして仕事をしている人は、人生を心から楽しむ度合が3倍、仕事に熱意を持って取り組む度合が6倍になるという報告もあります。

従来、学校や会社では、平均的な成長を求める傾向がありました。しかしいまは他社との協業や副業、スポットでの参画も当たり前になっています。みんなが自分の強みを活かして関わっていくことは、より大切さを増しています。

たとえばギターがうまい人がドラムを叩き、ドラムが得意な人がギターを弾くといったバンドはありません。ギターがうまい人はギター、ドラムがうまい人はドラムを叩きます。強みを活かし合うのは当たり前のことですが、現実にはギターがうまい人がドラムを叩くような職場やチームが少なくありません。

チーム運営においても、メンバーの強みを活かし合うことは大切です。マネージャーがメンバーに関心がない場合、メンバーの40％以上が強い不満を感じるという報告がありま す。一方でメンバーの弱みに意識を向けた場合、不満を感じるメンバーは22％に減り、強みに意識を向けた場合、不満を持つ人の割合は全体の1％にまで下がったという調査結果もあります。まずは関心を持つこと、そのうえで、自分や周りの人たちの強みを把握し、活かせる職場は幸せな職場になっていくのです。

誰でも「相対的な強み」を持っている

講演会やワークショップで「強み」の話をすると、「自分には強みなんてありません」と悲観的なことを言う人がいます。そういう人には「相対的な強み」と「絶対的な強み」の話をさせていただいています。

「自分には強みなんてありません」と言うときの強みは、「絶対的な強み」です。絶対的な強みとは、言わば誰にも負けない強みです。突き詰めれば各分野に1人しかいないので、絶対的な強みは大半の人は持っていません。

これに対し「相対的な強み」は、自分の中での強みです。たとえばギターを弾けるけれどドラムは叩けないなら、自分の中でギターが相対的な強みになります。自分の中での話なので、相対的な強みがない人はいません。自分よりギターがうまい人がいるかどうかは、関係ありません。

経済学で言われる「リカードの比較優位」は、まさに相対的な強みに目を向けたものです。簡略化した一例を挙げると、Aさんは1時間に製品Xを36個、製品Yを30個つくれる。Bさんは1時間に製品Xを40個、製品Yを45個つくれるとします。

絶対的な強みの観点では、Bさんのほうが製品X、Y共に製造量が多い。一方で相対的な強みの観点では、Aさんは製品Xの製造量が多く、Bさんは製品Yの製造量が多い。するとと面白いことに、相対的な強みを活かしてAさんが製品X、Bさんが製品Yに取り組むことでチームとしての成果は最大化されます。

要は絶対的な強みを探すのではなく、自分の中での相対的な強みを知り、それぞれが自分の強みを活かせば幸せになると同時に、チームのパフォーマンスも最大化されるのです。自分の相対的な強みを知り、高めることで自分もチームも幸せになるのです。

自分の強みを知る3つの方法

自分の強みを知り、高めるには、まず自分がどのような強みを持っているかを知ることです。強みは、大きく3種類に分類できます。

1つ目は「実務的な強み」です。「仕事で得意とする業務」「家事が得意」「挨拶が多い」「みんなを笑顔にする」といったものが、これにあたります。2つ目は「高められる個性や人柄」です。幸福度診断で測る34項目なども、これにあたります。3つ目は「あまり変わらない個性や人柄」です。価値観や世界観などが、この中に入ります。

それぞれの強みは、以下の方法で見つけることができます。１つ目の実務的な強みは「自分がうまくできると思えること」「人から評価されること」「実施するのが苦にならないこと」などを考えれば見つかります。どんなことでもいいので、とりあえず３つ、自分の強みを探してみてください。

２つ目と３つ目は、診断を利用することをお勧めします。２つ目の「高められる個性や人柄」は、幸福度診断の「あなたの幸せを支える5つの特性」などからわかります。

３つ目の「あまり変わらない個性や人柄」は、人間のポジティブな強みを見出す診断ツール「ＶＩＡ-ＩＳ」で調べるのがお勧めです。ポジティブ心理学の第一人者マーティン・セリグマン博士とクリストファー・ピーターソン博士を中心に開発されたもので、ネットから無料で診断できます。１２０問から成り、15分程度で終了します。

ちなみに私の診断結果は「創造性」「ユーモア」「親切心」「スピリチュアリティ」「愛情」が強みというものでした。ここまでわかれば次のワークで、強みを伸ばし、発揮していくことができます。

「強み力」を高める４つのワーク

３つの観点から自分の強みを見つけたら、以下の４つのワークにチャレンジしてみてください。

［1］強みを深める
［2］強みを活かす
［3］強みを共有する
［4］強みをつくる

どれから始めてもけっこうですし、一部を行うだけでもかまいません。それぞれについて説明します。

［1］強みを深める

強みを見つけたら、それが自分にとってどのような意味を持つのかを、考えてみてください。たとえば幸福度診断でスコアの高かった項目を5つつなげて言語化したり、1つの項目を深掘りします。

たとえば、私の強みである「安心安全な職場」「ビジョンを描く力」「没入力」「満喫力」「マイペース力」「安心安全な風土」なら、「信頼できる仲間（安心安全な職場）と、幸せな人と組織を増やす（ビジョンを描く力）ためにワクワクしながら（没入力）、すべてを楽しみながら（満喫力）、全身全霊で打ち込んでいく（マイペース力）日々が幸せ」といった具合です。自分がどのようなことに幸せを感じられる人間かが、より明瞭に見えてきます。

それを活かし、どのように強みを高めたり、発揮すればいいかも見えてきます。

また一部を深掘りする場合は、たとえば没入力についてだと自分の場合、どんなことが当てはまるかを考えます。「趣味の模型づくりを行っているときは、気づかないうちにめちゃくちゃ時間が経っている。そのときは空腹なども感じず、スマホの通知も気にならない」といった具合です。

研修の際、ワークショップ形式でこれに近いことを行い、社員の幸福度が大きく向上した企業もあります。幸福度診断でわかった５つの強みから３つを選び、それぞれを深め、それについて少人数で対話するというものです。

対話を通じて自分の強みに気づき、涙を流す人が出るなど、よい空間が生まれることも少なくありません。

［2］強みを活かす

［1］で強みを深めたら、次にそれを日々の生活に活かします。まずは強みをどう活かすか、どのような場面で発揮できるかを考えてください。たとえば「ビジョンを描く力」なら、日曜の夜に30分かけて、自分の大きなビジョンを確認しつつ、それを今週どの場面で発揮していくかを考えるといった具合です。

さらに日記やノートなどに自分の強みを書き出し、それを今日活かせたかどうかを毎日のワークとして振り返り、できれば書き留めます。日々振り返ることで、強みの活かし方が見つかっていきます。

［3］強みを共有する

強みを活かしたり、強み力を向上させる取り組みは、周りの人たちと一緒に行うことで、効果がいっそう高まります。たとえばお互いの強みを話し合ったり、強みを活かす取り組みについて振り返る会を設ける。できれば1カ月おきなど定期的に時間をとり、「今月は強みを発揮できたか」「来月はどのように発揮できそうか」などを話し合ってください。

紙に書いて、職場に貼り出すのも効果的です。たとえば自分の強みを付箋に書いてデスクに貼ったり、ウェブミーティングの背景に記載し、誰でもいつでも見られる状態にする。自分の強みをより意識しやすくなり、またお互いの強みを知り、励みにもなります。

［4］強みをつくる

［1］〜［3］までご紹介したのは、すでに自分の中にある強みをベースに、強み力を向上させる方法です。一方で強みは、つくることもできます。まずは、すでにある強みを伸ばすことをお勧めしますが、ある程度強みを確立できたと思ったら、新しい強みを身につ

けるための行動にも挑戦してみてください。

そのためには自分自身がどうなりたいか、どうありたいのかを考え、それに向けて行動を続けることが大事です。

オススメ書籍

ライアン・ニーミック他『強みの育て方』（WEVE出版）幸せにつながる強み診断VIA－ISでわかった自分の強みをどう使えばいいかを教えてくれます。

トム・ラス『さあ、才能（じぶん）に目覚めよう　新版　ストレングス・ファインダー2.0』（日本経済新聞出版）ウェブテストで強みを「見える化」した自分の強みを資質ごとに活かす法を教えてくれます。VIA－ISに比べて、実務的な要素が強いです。

やってみよう力③　没入力

物事に没入できる人は創造的な問題解決能力が5倍促進される

日々の生活の中で、何かに没入している時間が多い人は幸せです。最高に没入すると、時間も忘れるほどの完全な集中状態になります。こんな状態に入れる人は幸せと言われています。

また物事に没入できる人は、創造的な問題解決能力が5倍促進され、新しいスキルの学習スピードが6倍弱速くなり、生産性も倍になるという報告もあります。

「夢中で仕事をしていたら、いつの間にかものすごい時間が経っていた」「ゲームやネットサーフィンに時間を忘れるぐらい没入していた」。そんな経験は、誰しもあるのではないでしょうか。

ただしゲームやネットサーフィンは、ユーザーが没入できるよう、提供者がさまざまな仕掛けをしています。仕事や学習、日々の生活で没入するためには、自分自身で何らかの工夫をする必要があります。

逆に言えば、うまく工夫することでゲームと同様、仕事や学習でも没入することができるのです。ちょっとワクワクしてきませんか？

「適切な難易度」と「明確な目標」が没入力を高める

何かに没入しようと思ったら、自分の能力と難易度のバランスが取れていることが大事です。人は簡単すぎることに対して、すぐに飽きてしまいます。逆に難しすぎることに対しては、思考や手が止まってしまいます。その中間、つまり簡単すぎず難しすぎないことに取り組んでいるときが、没入しやすい状態です。

一見簡単に見える仕事も、工夫しだいで難易度を上げられます。お勧めなのは時間目標を立てることです。タイムアタックにすれば難易度を調整できます。たとえば会議用の資料をコピーするときです。

50部コピーするのに前回は5分2秒かかったとしたら、今回はクオリティを保ったまま5分以内を目指すといった具合です。

また没入状態に入るには、目標が明確なことも重要です。仮の目標でもいいので、明確な目標をつくってください。たとえば資料作成なら、「構成を考えてから2時間で10ページ分つくる」といった具合です。

もちろん資料作成で大事なのは、時間やページ数より内容です。時間やページ数は本質ではありません。とはいえ「内容を良くする」ことは目標として不明瞭で、没入しにくいことも確かです。「2時間で10ページ」のほうが具体的で没入しやすく、まずはこれを目標にして作成し、その後に内容をブラッシュアップしていくのです。

もう1つ、没入するうえで大事なのが、迅速なフィードバックです。目標に対し、どれだけ進んでいるかを随時わかるようにします。目標が明確であれば、迅速なフィードバックにもつながってきます。先ほどの資料づくりなら、ページ数自体がフィードバックになり、より没入力を高めやすくなります。

没入を妨げるスマホと、いかにつきあうか

一方、没入と反対の状態にあるのが、注意力の散漫です。とくに要注意なのがスマホで、スマホが机の上にあるだけで集中力が落ちることがわかっています。

スマホをつい見てしまうのは、画面上に魅力的なコンテンツがたくさんあるからです。誘惑に負けないため、以下のような工夫をしてはどうでしょう。

・画面の設定をグレースケール（白黒画面）に変更する。

・SNSアプリを消し、ニュースなどはサファリやグーグル、クロームなどのブラウザから見る。

・無駄な時間を使うアプリを削除する。

それでもスマホの誘惑に抗えない人は、タイムロッキングコンテナを利用するのも手です。要はタイマー式の箱で、中にスマホを入れてロックすると、指定した時間まで取り出せません。ネットで購入でき、とくに在宅勤務で集中したい方にお勧めです。

それでも没入できない人向けのテクニック6選

スマホの誘惑を退けても注意力散漫になる人には、以下のような手法も考えられます。

①ポモドーロテクニック

「25分集中して5分休む」を繰り返す集中法です。そのためのアプリもありますし、タイマー1つあれば実施できます。また、職場であれば、何名かで一緒にポモドーロテクニックを実施するのもお勧めです。

②メールやSNSに費やす時間を定める

メールやSNSの通知は注意をそらします。通知を切り、特定の時間だけチェックするようにします。

③没入時間とそうでない時間を分ける

会社だと周囲の人に話しかけられて、集中が途切れてしまう場合があります。ただし周囲の人と話すことも大事なので、集中するために「話しかけNG」の時間と「話しかけOK」の時間を分けてはどうでしょう。「集中したいので○時以降に話しかけてください」といったボードを机の上に置くといった具合です。

部署全体の取り組みとして没入の時間帯を設け、うまくいったケースもあります。

④マインドフルネス瞑想

瞑想も注意力散漫を防ぐのに効果的です。瞑想法の中でも、いつでもどこでも簡単に行えるのがマインドフルネス瞑想です。

マインドフルネスとは「いまここにだけ意識を向け、ありのままを受け入れる」という意味です。椅子や床に座って背筋を延ばし、目をつぶってゆっくり呼吸します。

このとき呼吸にだけ意識を向け、他のことを忘れるというものです。

⑤仕事と休みのメリハリをつける

体と心をきちんと休めることでも、集中力を高められます。休みの日や休み時間は気持ちを切り換え、休むことに集中しましょう。その際に体を動かす習慣をつければ、なお効果的です。

ちょっとした時間に体を動かす場合、5分以上が望ましいとも言われますが、最初は30秒や1分でも十分です。作業を始める前に、ぜひ試してみてください。

⑥活動自体に本質的な価値を感じる

すべての仕事は誰かのためになっています。その仕事で誰が喜んでくれるのかを考えることも没入力を高めます。

以上、没入するために必要な考え方やテクニックをご紹介しました。効果がありそうなものを見つけて、実行してみてください。一般にビジネスマンが没入状態で仕事をしている時間は、全体の5%程度と言われています。ぜひ10%、15%と増やしてきましょう。

オススメ書籍

M・チクセントミハイ『フロー体験入門―楽しみと創造の心理学』(世界思想社)「フロー」とは没入のことです。没入体験するための実践法を記した研究書です。

アンデシュ・ハンセン『スマホ脳』（新潮新書）没入力を奪うスマホとのつきあい方について、さまざまな研究報告をもとに解説している本です。

やってみよう力④　満喫力

いまここにいる状態を味わい尽くすのが「満喫力」

斜に構えず何事も満喫し、それを隠さず表現する人は幸せです。

満喫とは、いまここにいる状態を味わい尽くしたり、楽しみ尽くすことです。対象は、趣味や好きなことだけには限りません。仕事や日常の何気ないこと、たとえば食事をしたり歩くといったことでも満喫することはできます。そしてそれは幸福につながります。

また満喫力は、連鎖していく傾向があります。趣味をとことん満喫している人は、それを仕事にも向けやすいのです。

しかも、とことん満喫している人がいると、それが周りの人にも広がっていきます。何かに満喫している人は、周りからも幸せそうに見えるので、「自分たちも何かを満喫したい」という気持ちになりやすいのです。

たとえば仕事を楽しみ、満喫しきっている人がいる部署は、周りも往々にして仕事を楽しんでいます。あるいは周りに熱烈な阪神ファンがいて、いつのまにか、自分も阪神ファンになっていた。そんな経験はないでしょうか。

日本の古くからの言葉に「踊る阿呆に踊らぬ阿呆、同じ阿呆なら踊らにゃ損損」というものがあります。まさにそのとおりで、一度きりの人生です。仕事も趣味も日々の生活も満喫して、踊りきりましょう。

満喫力を高める3つのステップ

満喫力を高めるには、①準備を整える、②じっくり味わう、③新しいことにチャレンジする、という3つのステップで進むと効果的です。順に説明しましょう。

ステップ①　準備を整える

物事を満喫できるかどうかは、準備の段階から始まっています。子どもの頃、修学旅行のことを考えると興奮して眠れなかった経験はないでしょうか。「何を持っていこう」「現地で何をしよう」などと思いを巡らせるのは、実際に行動する以上に、ある意味、幸せな時間かもしれません。

行き先が京都なら、訪ねるお寺の由緒などを調べる。歴史の授業で習ったこととつなげたりすれば、関心はより高まります。「織田信長が殺されたことで知られる本能寺は、意外にも繁華街の真ん中にあった」「ただし殺されたときの本能寺は、いまとは別の場所にあった」。そんなことを知っているだけでも、「ぜひナマで見てみたい」といったワクワク感が生まれてきます。

このように準備段階から意識することでも、満喫力は高められます。準備で大事なことは、大きく3つあります。すべてを満たす必要はありませんが、できるものから始めてみましょう。

i　事前に調べる

物事を始める前に、ネットや本などで知識を蓄えておく習慣をつけると、満喫力を高められます。たとえば先日私は、子どもとカツオ節の製造工程を動画で見ました。そこで知ったのは、カツオ節は4～6カ月程度かけて製造されるということです。

原料となるカツオを手に入れたら、それを切り分け、煮込み、骨を抜き、燻します。そして表面を削り出し、発酵と乾燥を繰り返します。どの工程も職人さんたちが丁寧に仕上げていました。そんな工程を経て、ようやくカツオ節ができるのです。

この動画を見た後に食べたカツオ節の味わいは、まさに至福のものでした。いつもと同じカツオ節なのに、職人さんの半年間の姿が浮かび、いままでにない深みを感じました。事前に知識があるかないかで、感動の度合いがまるで違ったのです。

地域の名物も、その特色や背景を知ったうえで食べると感慨深いものがあります。富山のブラックラーメンは、肉体労働者の塩分補給のためにつくられた醤油の濃いラーメンです。それを知ってから食べると、塩辛さが心地よく感じられます。

もちろん食べ物に限りません。サッカー日本代表を応援するときも、やはりサッカーのルールや参加する選手、戦術などを知っておけば、より楽しめます。映画なら事前の紹介動画や予告編を見ておく。製品を購入するならCMを見ておく。そうすることで実際に見たり買ったりしたときに、楽しむポイントや推しどころがわかります。

仕事も同じです。自分がしている仕事、自分が取り組んでいる業務、自分がつくっている製品に興味を持つ。仕事の全体の流れを知っておく。これだけで、いざ仕事に取り組むときの楽しみ方、満喫具合はまったく違ってきます。

ii 主体性を持つ

事前に情報を調べたら、次は前向きに取り組んでみましょう。「誰かにやらされている」と思うのと、「やりたいからやる」と思うのでは、物事に対する満喫力はまったく違います。「出社したからやる」「時間が来たから仕方なくやる」ではなく、「よし、やろう！」という気持ちで挑む。事前に知識を得て関心も高めていれば、気持ちを切り換えることは難しくないはずです。

iii　モチベーションを高める

満喫するにはモチベーションを高めることも大切です。そして、モチベーションを高めるには、成果と成長が鍵になってきます。この仕事や取り組みは、自分や周りの人にとって、どんな良い成果につながるのかを考えてみてください。誰を笑顔にする仕事でしょうか。

また、この仕事や取り組みを通して、どんな成長につながりそうですか。たとえば「この仕事を通じて技術を高めていった先に、専門家になれる」などと考えるのも１つです。よりたくさんのワクワクできることを思い浮かべるだけで、実際に行動したときの満喫力を高めることができます。

ステップ②　じっくり味わう

仕事であれ遊びであれ、満喫するうえで大事なのは「いま目の前にあることを味わい尽くそう！」という気持ちです。とくに現代人は、１つのことに集中するのが苦手です。食事のときですらスマホを見るなど、マルチタスクになっています。

１つの時間で２つないし３つ以上のことを行うマルチタスクは一見、効率的に思えます。ところが生産性の面からは逆で、１つのことに集中して取り組むシングルタスクのほうが、生産性が10倍高まるとも言われます。

まずは1つのことに取り組むとき、ほかのことはしない状態に慣れてください。たとえば食事中はスマホを見ない。いま食べているものを、じっくり味わいながら食べる。これは食事を満喫していることになり、満喫力を高めることにつながります。

さらにお勧めなのが、5分でも10分でもいいので何もしない時間をつくることです。私の場合、サウナに入ることが、それにあたります。

サウナに入っているときは、ただ「熱い」と思うだけで頭がいっぱいになり、ほかのことは考えられません。サウナ→水風呂→休憩という流れを3セット繰り返すので、全部で1時間ぐらいかかります。終わると頭がすっきりして、「さあ、仕事を頑張ろう！」という活力が湧いてきます。何も考えない時間をつくることで、物事に取り組んだときに満喫できるありがたみがわかるからです。

散歩やジョギングなど、ただ体を動かすだけでも効果的です。マインドフルネス瞑想のように、椅子に座って目をつぶり、呼吸にだけ意識を向けるといった、静かな時間をつくるのも同様の効果があります。

柔道や剣道など武道では稽古に入る前に目をつぶり、軽い黙想をします。これも同じ効果が期待されます。目をつぶって頭の中を1回ゼロにしてから、次のタスクに取り組む。仕事を始める前にも、30秒でもいいので目をつぶり瞑想する時間を設けてはどうでしょう。

ステップ③　新しいことにチャレンジする

ステップ①、②で、いま行っていることを満喫できたら、満喫できそうな新しいことにもチャレンジしてみましょう。そして、それをじっくり味わいましょう。仕事や趣味のほか、新しい店に行く、食べたことのない料理を食べるといったことでもＯＫです。五感や心が動くものがお勧めです。

最初は緊張や不安でドキドキするかもしれませんが、ステップ①や②の要領で満喫してみてください。満喫力は、何事にも発揮できるのがベストです。いろいろなことにチャレンジして、どんなことも満喫できる力を養ってください。

オススメ書籍

デボラ・ザック『SINGLE TASK 一点集中術――「シングルタスクの原則」ですべての成果が最大になる』（ダイヤモンド社）　１つの作業に集中して満喫することのメリットや具体的な方法を記した本です。

ジュリエット・ファント『WHITE SPACE ホワイトスペース――仕事も人生もうまくいく空白時間術』（東洋経済新報社）　創造的・効率的な仕事をするために必要な「空白＝何もしない時間」をつくる方法を紹介しています。

やってみよう力⑤　成長意欲

成長している実感が成長意欲を高める

成長意欲とは「自分自身を成長させたい」という想いです。これまでの成長を実感し、これからの成長も目指している人は幸せです。

これは仕事に限りません。たとえば学校の部活動や趣味の習い事などで、自分の成長に充実感を抱いた経験はないでしょうか。できなかったことが、できるようになる。その喜びは幸せにつながります。

逆にスポーツやゲームなどで自分の成長を感じられなければ、楽しんで続けることは難しいでしょう。たとえばロールプレイングゲームで、ずっとレベル１のままで満足できる人は極めて稀です。

成長意欲を高めるには、実際に成長することに加え、成長を実感できることも大事です。ゲームならスコアなどを見ればわかりますが、現実世界では自分の成長はなかなかわかりません。とくに工場で同じ作業を毎日繰り返すような仕事は、成長している自分に気づきにくくなります。

会社によっては工場で働く人たちに、取得した資格や免許などを書かせたスキルシートを作成しているところもあります。スキルシートは会社にとってキャリアを確認できると同時に、本人も自分の成長を確認するよい機会になっています。

また、さまざまなスキルを持つ工員に、１つではなくいくつもの作業を兼任させる、トヨタ自動車が発案した「多能工」も成長を実感しやすい制度です。

勤めている会社にそのような仕組みがなければ、自分で過去の実績などを記したスキルシートを作成して、自分の成長を振り返ってみるのもいいでしょう。

成長意欲は、「ビジョンを描く力」や「強み力」と相性がよい項目でもあります。描いたビジョンに向けて、強みを活かして成長できれば、幸福度はさらに高まります。加えて「世のため人のため」に関わる成長意欲は、成長の継続性につながることもわかっています。ぜひ誰かのための成長を目指してください。

成長意欲を高める「モチベーション」と「マインドセット」

成長意欲を高めるには、①「成長したい」というモチベーションを高める、②「成長できる」というマインドセットを養う、の２つが重要になります。それぞれについて解説します。

①「成長したい」というモチベーションを高める

成長意欲を高めるには、モチベーションを高めることが大事です。まずは自分がどうなりたいか、何をやりたいかを紙に書き出してみましょう。

書き出す内容は、少し難易度を高めにすることも大事です。「没入力」の項でも述べたように、人は簡単すぎることには、すぐ飽きてしまいます。少し背伸びが必要なことに取り組むほうが没入力も高まり、達成したときの幸福感にもつながります。

同じことは成長意欲にも言えます。どんな成長を遂げたいのか、どうなったらワクワクするのか、を考えて、実際にその成長を遂げた姿を妄想してみましょう。

②「成長できる」というマインドセットを養う

成長意欲を高めるための大前提は「人間は頑張れば、どんどん成長できる」というマインドセットを持っていることです。そんなマインドセットを持っているだけでも、幸福度が高まるということがわかっています。

「人間は頑張れば成長できる」と言うと、「自分は頭が悪いから無理です」などとおっしゃる人がいます。こういう人は「人間の能力は生まれつき決まっていて、努力しても成長できない」というマインドセットになっています。頭が悪いから無理なのであれば、頭を良くすれば良いだけの話です。

少なくとも本書を手にされている方は、「頑張れば成長できる」と心の底では思っているはずです。そういう気持ちを認め、「頑張れば成長できる」というマインドセットを養っていくことが大事です。

マインドセットを養うには、まず過去に自分が成長した経験を振り返ってみることです。たとえば「受験勉強を頑張って、目標の大学に入れた」というのもそうです。「部活動で野球を頑張って、それまで1回戦止まりだったのが2回戦まで行けた」とか「難易度の高い仕事をできるようになった」というのも、そうです。

一方、頑張ったけれど、目標に達することができなかったという人もいます。こういう人は成長していないかというと、そうではありません。たとえば合格を目指して勉強する過程で、さまざまな知識や考え方が身についています。何かを頑張った経験は、必ず成長につながります。

高校野球で甲子園を目指して頑張ったのに、予選敗退で終わってしまった。このときも「あの努力は無駄だった」と思いがちですが、甲子園を目指す過程で野球の技術はもちろん、体力や精神力も大きく成長しています。

仕事も同じです。現状のパフォーマンスに満足していない人でも、新入社員の頃に比べれば、できることは格段に増えています。望む結果を得られなかった自分ではなく、「努力して成長した自分」に目を向けるようにしてください。

もう1つ、周囲の人の成長ストーリーを知るのも有益です。同じ職場で活躍している人が、どれだけ努力して成長し、昇進していったかを知る。工場などでも神業的な技術を持っていて、その人のおかげで会社が助かったといったケースは少なくありません。その人がどうやって、それほどまでの能力を身につけたのか。そんな話を先輩などから聞く。

自分の職場にいなければ、他社のケースでもOKです。努力して成長した人の話を知るだけで「人間は努力すれば成長する」というマインドセットが養われていきます。これは映画や本でも良いでしょう。自分と似ている境遇から成長した話であれば、さらに効果的です。

加えて、周りの人たちに「あなたはできる人だ」と応援してもらうことも大事です。日本ではむしろ逆のパターンが多く、頑張っている人に対し「できるわけないでしょ」「無理に決まっている」と冷笑的な態度をとりたがります。応援してくれる人の声に耳を傾け、そうした人たちと積極的につきあうことが大事です。応援してくれる人がいなければ、自分で自分の応援をしてあげることも1つの手です。

「小さい一歩」を大事にする

成長意欲を高めるうえで、もう1つ覚えておきたいのが「ベイビーステップ」という考え方です。赤ちゃんの歩みのように、一歩は小さくても着実に進んでいくことを意味します。

行動科学でもよく使われる考え方で、人は大きい夢だけでは進んでいけません。たとえば「海賊王になる」、「天下の大将軍になる」、これだけだと結局何もせずに終わるか、途中で挫折してしまう人が大半です。大きな夢だけでは行動につながりにくいのです。

成長して達成したい夢があるなら、一歩目に何をするかを考え、さらなる一歩、次の一歩と進めていくことが大事になります。夢は大きいけれど、実際の行動は「小さいステップをたくさん踏む」といったイメージです。

たとえば戦略コンサルタントを目指すなら、まずは経営戦略の本を1日1ページは読む。それを毎日続ける。小さなステップを踏むことで、成長意欲が持続しやすくもなります。

実際のところ、目標は小さいほど継続しやすい傾向があります。たとえば筋トレでスクワットを「1日1回やる」と決めた人と「1日100回やる」と決めた人では、1日1回と決めた人のほうが継続しやすく、筋肉もついたという報告もあります。

「1日1回」なら、ふと思いついたときに、いつでもできます。いざ1回やってみると、「せっかくだから、もう少しやろう」という気持ちにもなってきます。気がつくと、筋肉がついていたということになるのです。

これが「1日100回」となると、そのための時間をわざわざつくる必要があります。

最初の何日かは続いたとしても、しだいに億劫になり、やらなくなってしまうのです。

読書も同じで、「1日1ページでいいから毎日読む」と決める。ハードルを下げるほど、とりかかりやすく継続もしやすいのです。

また「行動が大事」という点では、同じ目標を持つ人たちのコミュニティに入るのもお勧めです。周りの人が成長していると、自分も成長するからです。人の成長を見ることで「成長するのが当たり前」という環境に身を置くことができます。

典型が外資系のコンサルタント企業やIT企業で、成長意欲に満ちあふれた人たちばかりで、お互いに切磋琢磨しながら成長しています。まずは同じ目標を持つ人たちのサークルやコミュニティに入ることが大切です。最近はオンラインサロンのような形式も増えています。その中では、ちょっとした雑談や無駄話から気づきがあることも少なくありません。

成長意欲が高い人への注意点

冒頭で述べたように、成長意欲は人を幸せにします。成長意欲が高い人は、それだけ幸せが実感しやすくなります。ただ1つ注意したいのが、「成長したい」という思いが強すぎる人です。

そういった人は「成長したい」という思いが強すぎて、いまの自分を認められなくなりがちです。「成長しないと自分には価値がない」と思いつめることにもなり、幸福とは違うベクトルに進んでしまう場合があります。

また、「苦労のすえにこそ成長がある」というのも大切ですが、危険性をはらんだ考え方です。本当はもっと簡単な方法があるのに、あえて困難な方法を選んでしまう。成長に苦しみが必要な場合もありますが、苦しむのが目的ではありません。あくまで「成長」や「成果」が目的であって、そのために苦労が必要な場合もあることを忘れないようにしてください。

また、同じように努力していても、まったく成長しない時期（学習高原・プラトーとも呼ばれます）もあれば、突然成長する時期もあります。成長しない時期に「やはり自分には無理なんだ」と諦めないようにしてください。この成長しない時期を乗り越えるには、成長に向けた取り組み自体を楽しむ必要があります。自分を信じて、これまでの努力を楽しみながら続けていけば、必ず成長を実感できる時期がやってきます。

オススメ書籍

キャロル・S・ドゥエック『「やればできる！」の研究──能力を開花させるマインドセットの力』（草思社）　スタンフォード大学の著名心理学者が20年にわたる調査にもとづき、「能力は努力しだいで伸びる」ことを解説しています。具体的に、そのような成長マインドセットになるための取り組みも紹介されています。

やってみよう力⑥　創造力

まずはちょっとした工夫をしてみる

創造力は、幸せと高い相関関係があります。何かを創造することは幸福度を高め、幸せだと創造力は3倍になるという調査もあります。企業でもクリエイティブ職についている人は、幸福度が高いという調査もあります。

ただし創造とは、何かをつくることだけを指すのではありません。創造というと企画職のようなものをイメージする人が多いですが、じつは多くの仕事で創造性は発揮できます。

たとえば工場勤務で毎日同じ作業をするとき、姿勢を少し変えてみるのも創造の1つです。「いつもより5センチ腰を低くすると腰に負担がかからない」「右足をちょっと引いて作業すると、よりスムーズに腕が動く」。そんな発見があるかもしれません。

そんな、ちょっとした工夫をすることも、仕事における創造なのです。ちょっとした工夫は、単調だと思っていた仕事を楽しくし、幸福にもつながっていきます。

もちろん日々の生活でも、創造力は発揮できます。いつも納豆に醤油をかけている人なら、ソースをかけてみる。これも創造性の1つです。仕事が終わってまっすぐ家に帰るのではなく、寄り道するだけでも新しい通勤路の創造になります。

創造することが幸せにつながるのは、脳の中でも記憶や空間学習能力と関係が深い「海馬」と意思決定や運動処理に関与する「線条体」の回路が活性化し、ポジティブ感情が高まるからと言われています。

私の祖母はよく「新しいものを食べると1年長生きする」と言っていました。食べたことがないものを食べるのも一種の創造です。創造することで幸福度が高まり、それが長生きにつながると祖母は言いたかったのでしょう。

またちょっとした工夫をするときは、うまくいっていないところに着目することも大事です。これは「ソリューション・フォーカスト・アプローチ」と呼ばれる心理療法の考え方でもあります。「うまくいっているものは、変えない。うまくいっていないことについては、とりあえず何でもいいから変えてみる」という考え方です。

正解がわからなくても、とにかく変えてみる。「どうせうまくいっていないのだから、とにかく変えてみよう」といった気楽な気持ちでやってみることが大事です。

逆に言えば、失敗するか成功するかは意識しない。変えること自体を楽しむつもりで、やってみてください。仕事がうまくいかないけれど、何が悪いかわからない。そんなときは、たとえばいつも飲んでいるコーヒーを別のものに変えるだけでもＯＫです。

それにより何か変化があるかもしれないし、ないかもしれない。「いい変化が起こればラッキー！」ぐらいの気持ちで試してください。

大事なのは「変える」ことで、日々さまざまなことを変えることで「変える」という習慣をつける。それが創造性を高めることにもつながります。毎日いろいろなことを変えていれば、何かあったときも「じゃあ、ちょっと変えてみよう」という気持ちになります。それが日々の生活を楽しむことや幸せにもつながっていくのです。

ユーチューブも自分でつくれば、もっと楽しくなる

創造は幸せと高い相関があると言われても「自分はものをつくるより見ているほうがいい」「見ているほうが幸せ」と考える人もいるでしょう。ですが、つくる人と見る人では、つくる人のほうが幸せという傾向があります。

料理でも、おいしい料理を食べる人とつくる人では、つくる人のほうが幸せという傾向があります。つくること自体が幸せにつながるのに加えて、つくることが食べる経験を深める効果もあります。同じ料理を食べても、工程まで想像しながら食べることで、味わいの深さがまるで違うのです。

ユーチューブの視聴も同じです。つくり手としての経験があると、創造性につながるだけでなく、より深く楽しめます。じつは私の娘も、ユーチューバーです。ユーチューブを

見たがる娘に、「見たいなら、ユーチューブに動画投稿すること」というお約束をして、自分で動画をつくるようになりました。何人に見てもらえるかは問題ではありません。つくり手の立場に立つことで、ただ消費するだけではない見方をしてほしかったのです。

娘はまだ6歳ですが私や妻の手を借りながら、自分で撮影したり、構成を考えたりしています。再生回数はまったく伸びませんが、それでも楽しそうに作業しています。そんな様子を見ても、やはり見るだけより、つくることで幸福度が高まるのを感じます。

また、創造性は、前向きで幸せな気持ちになる音楽を聴くと、大幅に向上するとも言われています。また天井が高い空間は、創造性を向上させることが知られています。天井の高い部屋で、幸せな気持ちになる音楽を聴きながら、創造的な時間を過ごしてみてはどうでしょう。

オススメ書籍

トム・ケリー、デイヴィッド・ケリー『クリエイティブ・マインドセット 想像力・好奇心・勇気が目覚める驚異の思考法』（日経ＢＰ）誰でもクリエイティブになれる、そんな手法を紹介しています。日々のちょっとした工夫を身につけた後に、オススメです。

やってみよう力⑦　自己肯定力

自己有用感と自尊心から成るのが「自己肯定力」

自分に自信を持ち、ダメな部分も含めて、自分を好きになれる人は幸せです。自己肯定力は、幸福度診断で計測している34項目中、最も幸せとの相関が高い項目です。ところが国際比較によると、日本人の自己肯定力は、かなり低くなります。

そこには和を大切にし、個人が出すぎることについて、あまりよしとしない文化的背景もあるでしょう。とはいえ和を大切にすることと、自己肯定力を持つことは両立します。自己肯定力が高い人は、自分に自信があるからこそ、周りを尊重することもできます。新しいチャレンジに取り組んだときも、周りの評価にあたふたせず、自主性を持って臨むことができます。

自己肯定力を分解すると、大きく2つに分かれます。1つは自己有用感（セルフ・エフィカシー）で、「やればできる！」という感覚です。もう1つは自尊心（セルフ・エスティーム）で、自分のダメな部分も受け入れる感覚です。

両者は相関があり、「やればできる！」という感覚がある人ほど、自分のダメな部分も受け入れられることがわかっています。また両者は、うまくバランスがとれていることも大事です。片方だけ大きい状態より、それぞれバランスよく伸ばしていくことで幸福度はより高まっていきます。

高める方法も両者は異なります。それぞれについて、自己肯定力を高めていく方法を以下にご紹介します。

自己肯定力を高める方法1　自己有用感を高める　～セルフ・エフィカシー～

「自分で決めた目標」や「周りからの応援」が自己有用感を高める

自己肯定力の1つ、「やればできる」という感覚は、①自分で決めた目標を達成した経験を持つ、②周りからの応援、③周りの人の成功体験を聞く、④体調がよい、といったことから向上します。ここでは①②③についてご説明します。

①自分で決めた目標を達成した経験を持つ

目標の達成が自己有用感につながるには、それが自分で決めた目標であることが大事です。他人が決めた目標では、それがどれだけ素晴らしい成果でも自己有用感にはつながりにくくなります。

たとえば東大を出ているのに、自分に自信がない人がいます。「親に言われたから」などという自分で決めていない理由で進学を決めている場合が多いです。

仕事でも上司から言われた数字を目標にしただけでは、達成しても自己有用感にはなかなかつながりません。大事なのは自分自身で目標をつくることです。上司から与えられた目標を「マスト目標」とするならば、自分なりの「ウォント目標」をつくるという手もあります。

このウォント目標は「達成できたらワクワクする」ものであることも大事です。たとえば車のセールスでいえば、上司から与えられたノルマが「年間100台」でも、「頑張れば130台はイケる」と思うなら130台を目標にする。このとき「ノルマを超えた130台を販売した自分」にワクワクできるかどうかです。

また人と比べないことも大事です。比較対象は過去の自分にする。他人と比べたり、「あいつに負けたくない」などと思ったりすると、相手の失敗を願うなどネガティブな感情を招きやすくなります。

もう1つ、目標をつくるときに大事なのは、目標を小さく分けることです。小さな目標なら、早い段階で小さな成功体験を得やすくなります。逆に大きい目標だけだと、達成感が得られにくいうえ、行動にうつすことも難しくなります。

たとえば私が、はぴテックを通じて実現したいのは「世界中の人を1人残らず幸せにする」です。それを前提に「今週はこの会社の幸福度を高める」「研修に来てくれた人たちを幸せにする」などと目標を小さく分け、そのつど達成感を感じるようにしています。小さな成功を達成することで自己有用感を高め、次の目標にもチャレンジしやすくなるのです。

②周りからの応援

目標を達成するにあたって周りからの応援は、驚くほど効果があります。スポーツでも応援を受けたときにパフォーマンスが向上することは、多くの研究報告があります。一方で仕事では、応援される機会があまりありません。その結果、自己有用感を得にくく、よい成果を出しにくいとも言えます。

とはいえ周りの人たちに「応援してくれ」と頼むのは難しいものがあります。そこでまずやりたいのが、こちらから周りの人たちの成功を願い、それを表現していくことです。周りを応援していれば、やがて自分も周りから応援される人になっていきます。

③周りの人の成功体験を聞く

周りの人の成功体験を聞くと、「自分もできる！」と思えるようになってきます。とくに自分と似た境遇の人の成功体験は、その思いをいっそう強めてくれます。会社であれば活躍している人、大抜擢された人を探し、本人や周囲の人から話を聞いてみてください。それを周りの人にも話し、みんなで共有すれば、効果はいっそう高まります。

自分自身の成功体験を思い出すのも、同様の効果があります。困難を乗り越えた経験、武勇伝を思い出し、ときに人にも話す。自分の成功体験ばかりでは相手を辟易させるので、相手の武勇伝を聞くことも大事です。職場の人たちでちょっとした武勇伝をシェアしあえる機会をつくるのも効果的です。

自己肯定力を高める方法2　自尊心を高める　～セルフ・エスティーム～

人を非難するのではなく、自分を好きになる

自尊心とは、よい部分も悪い部分も含めて「自分が好き」と思えることです。この感覚は①自分の感情や望みに気づく、②自分を受け入れる、③自己表現や自己主張を学ぶ、④人を非難しない、などにより向上します。

とくに大事なのが、①の「自分の感情や望みに気づく」です。日本人は感情を出すことを恥ずかしいと考え、感情を消してしまう傾向が強く見られます。まずは表に出す出さないは別として、自分の感情や望みに気づけるようにしてみてください。可能ならば、日記やメモに残しておけると良いでしょう。自分がこう思った、ということは、論理的に否定できない100%正しいことです。自分の感情や望みを認めてあげましょう。

自分の感情や望みに気づくことができれば、②の「自分を受け入れる」もできるようになってきます。

また③の「自己表現や自己主張を学ぶ」は、①で気づいた感情や望みを言葉や行動に出していきましょう。対話や、アサーティブなコミュニケーションを学ぶことも、大切です。

④の「人を非難しない」も大事な考え方です。人を非難すると、一時的には自分が高みに立った気になるかもしれませんが、本質的な幸福感にはつながりません。むしろ、人を非難することは、非難力を高め、自分を非難することにもつながっていきます。幸福感につながる自尊心は、自分で自分を認めていくことでしか育まれません。他人を貶めるのではなく、自分を認めることに意識を向けるようにしてください。

自己肯定力を高めるワーク――「自分にできること」を書き出してみよう

また、別の角度から自己肯定力を向上させるための具体的な作業として、自分にできることや、いまやっていることをどんどん書き出してください。「クルマの運転ができる」「TOEICで800点以上取った」「DIYが得意」「筋トレを欠かさずやっている」、なんなら「呼吸ができる」など、どんなことでもかまいません。

大事なのは、自分にできることはたくさんあると再認識することです。いまある能力を再認識し、またこれらをより高めていくことを通じて、自己有用感や自尊心を高めていってください。

オススメ書籍

久世浩司『なぜ、一流になる人は「根拠なき自信」を持っているのか?』(ダイヤモンド社) シリコンバレーには根拠なき自信家が多いことなどを例に挙げ、レジリエンス研究をもとに最短最速で自信が身につく16の習慣を紹介しています。

幸福度を高める11のカテゴリー 3

ありがとう力

人とのつながりや愛から生まれる「ありがとう力」

「人とのつながり」「愛情」「感謝」「親切」といった因子から成るのが「ありがとう力」です。「人の喜ぶ顔が見たい(人とのつながり)」「私を大切に思ってくれる人たちがいる(愛情)」「人生において感謝することがたくさんある(感謝)」「私は日々の生活において他社に親切にしたり、手助けしたいと思っている」(親切)」などと考えられる人は幸せです。

ありがとう力による幸せは、人とのつながりや愛の中で出ると言われるオキシトシンやセロトニン型の幸せとも言えます。幸福度診断では「感謝力」「利他力」「許容力」「信頼関係構築力」「コミュニケーション能力」の5つで表しています。以下、それぞれについてご説明します。

ありがとう力①　感謝力

感謝してもされても幸福度は高まる

感謝は人を幸せにします。これは人間が社会的な生き物だからでしょう。いままで人類は、お互いに支え合うことで生き残ってきました。そうした中で「感謝することが幸せにつながる」という特性のようなものが育まれていったように思います。

幸せそうな顔をしたおばあちゃんは、事あるごとに「ありがたい、ありがたい」などと感謝しています。親切にしてもらったら「ありがとう」、家族にいいことがあれば「ありがたい」、天気がいいだけでも「ありがとう」と感謝しています。こういう人は、まさに幸福度の高い生き方をしています。

感謝の気持ちの大切さは、道徳の授業などでも教えられたでしょう。孔子をはじめ過去の偉人たちも、感謝の大切さをよく語っています。

心理学の世界でも、感謝にはさまざまな効用があることが報告されています。たとえば以下のようなものです。

・よりよい人間関係が構築できる
・より道徳的な行動ができるようになる
・人との比較が減り、自尊心や自己肯定力が高まる
・ネガティブな感情が減り、ポジティブな人生を歩むことができる

昔は哲学などの世界で言われていた感謝の大切さが、心理学の世界でもわかってきたのです。

感謝には「感謝する」と「感謝される」があります。どちらも幸福度を高めることがわかっていますが、より幸福度を高めやすいのは「感謝する」です。その意味では誰かに感謝するのは「その人のため」という以上に「自分のため」でもあります。自分が幸せになるために、人に感謝するのです。

人に感謝するうえで大事な考え方が〝感謝のハードル〟を下げることです。人によってはハードルが非常に高く、何かしてもらっても「それぐらい、やって当然」としか考えません。とくに中高年男性に多く、部下が仕事で成果を出しても「できて当たり前」としか考えない人がたくさんいます。

感謝の反対は「当たり前」です。人がしたことを「当たり前」としか思わない人は、感謝の気持ちから遠ざかっていきます。幸福度を高めるには感謝のハードルを下げて、人が

何かしてくれたら「ありがとう」と感謝する。部下が成果を出したら「よくやってくれた」と感謝する。究極的には、「そこにいてくれるだけで、ありがとう」と思える。そうなれば、つねに感謝の気持ちを持ち続けることができます。

そして感謝の気持ちは思うだけでも幸福度を高めますが、相手に伝えたほうが相手も自分も幸せになれます。さらに形に残るもの、たとえば「ありがとうカード」のような紙に書いて渡し、何度でも読み返せるようにすれば、幸福度はより高まります。フセンなどでもかまいません。

カードを渡すのは恥ずかしいし、口で伝えるのも恥ずかしいという人は「思う」だけでも十分です。思うだけでも、自分の中の幸福度が高まることがわかっています。要は、感謝の気持ちを忘れないということです。

感謝する機会を増やすという意味で私がよくもったいないと思うのが「すみません」という言葉です。人に何かしてもらったときに「すみません」と恐縮する人がいますが、この言葉は言ったほうも言われたほうも幸福度を高めません。これを「ありがとう」と言い換えるだけで、お互いの幸福度が増します。いわば感謝のプレゼントです。

実際「すみません」を「ありがとう」に変えるよう社内的に取り組んだ会社が、社員の幸福度を飛躍的に向上させた事例もあります。とくに若手の人は「ありがとう」を言うチャンスがたくさんあります。先輩や上司にフォローしてもらったら「すみません」ではなく、「ありがとうございます」と言えばいいのです。

何かをしてもらったときに「ありがとう」と感謝するのは、心理学では「恩恵的感謝」と呼ばれます。これに対し、存在自体に感謝することを「普遍的感謝」と言います。恩恵的感謝よりレベルの高い感謝です。

親子の関係も普遍的感謝に近いものがあります。子どもが親にお小遣いをもらって「ありがとう」と言うのは恩恵的感謝ですが、親が子どもに「ただ生きてさえいてくれればいい」と思うのは普遍的感謝です。子が親に「いつまでも長生きしてほしい」と思うのも普遍的感謝です。

まず恩恵的な感謝から始めて、難しくはありますが、最終的には会社の人たちや友人たち、周りの人すべてに普遍的感謝を持てるようになれば、自分の幸福度も高まっていくのです。

感謝のハードルが高い人は、挨拶・雑談から始める

感謝力を高めるには、すでに述べたように「ありがとう」をどんどん口にしたり、心の中で思ったりすることです。ただ感謝のハードルが高く、それが難しい人は、まずは挨拶から始めてください。

職場の中には社員同士で会話どころか、挨拶さえしないところもあります。会話もな

く、相手をよく知らない状態で「感謝の気持ちを持て」といっても無理があります。

　まずは挨拶をする。こちらから「おはようございます」などと声をかければ、たいてい相手も応じてくれます。そうしたコミュニケーションを通じて、職場の雰囲気を和やかにしてください。挨拶が自然にできるようになれば、今度は雑談もしてみる。

　最初は天気やスポーツの話題などで十分です。挨拶のあとに「今日はいい天気ですね」「昨日のサッカーは盛り上がりましたね」などと言うだけで場はいっそう和みます。

　雑談には、無味乾燥な職場を「人間と人間がつきあう場」に変える力があります。仕事の話しかしない職場では、「命令を出す人」と「命令に従う人」と機械のような関係しか生まれません。雑談には上下関係がないので、ちょっとした雑談をするだけで組織の潤滑剤になり、ひいては組織の信頼関係を高めることにもなるのです。

　コロナ禍でオンラインによるミーティングが増え、一番減ったのも雑談です。オンラインミーティングはスタートしたらすぐに仕事の話になり、終わったらそのまま退出という流れになりがちです。目標に沿った会話だけでは、社員同士のつながりも希薄になってしまいます。

　そこから「ミーティングの最初の5分は雑談の時間にする」という社内ルールをつくった会社もあります。雑談の時間を導入したことで、社員の幸福度が高まった事例もあります。

雑談の内容をポジティブなものにすれば、幸福度はより高まります。テーマを「最近あったよいこと」に決めて、交代で話し合ってはどうでしょう。

テーマを「よかったことを話す」に限定すれば、参加者はふだんから「よかったことはないか」と探すようになります。「カラーバス効果」と呼ばれるもので、たとえば「自宅から会社まで白い看板を見つけるか数えてください」と言われると、白い看板に意識が向かうようになります。「こんなに白い看板があるのか」と驚くことにもなります。

「人は何かを探そうと思うと、どんどん見つけることができる」という心理効果を示したもので、「よいことを探そう」と思えば意識はそちらの方向に向かうようになるのです。

これはＷｅｌｌ－Ｂｅｉｎｇの１つ「ポジティブ感情」を高めることにもなります。

また自分のよかった話は、相手のポジティブ感情を高める効果もあります。よい話を聞いてポジティブ感情が高まれば、自分もよい話をしようという気持ちが働きます。「返報性」と呼ばれるもので、自分が心地よいことをされたら、相手にも心地よいことをしたいと思うようになるからです。

まずは自分からよい話をして、お互いにポジティブ感情を高め合ってください。

周りの人や自然などへ感謝の気持ちを書き出す

感謝力を高めるには、感謝の気持ちを書き出してみるのも効果的です。「パートナー」

「家族」「友人」「苦手な人」「地球」「宇宙」など、相手は何でもかまいません。いずれかについて感謝したい事柄を3つ浮かべ、それを紙に書いていきます。

苦手と思える人でも、探せば感謝したいことが3つぐらいは浮かぶはずです。周りの人や自然、物などについて感謝するところを探していくことで、感謝を感じやすく、表現しやすくなってきます。

毎晩寝る前に誰かへの感謝を3つ思い浮かべ、日記に書くようにすれば、日常的に感謝力を高めていくことができます。

さらには小さなメッセージカードを用意し、誰かに感謝を感じたときに、その気持ちを書いて渡してはどうでしょう。職場全体の感謝力を高めたいなら、「感謝ボード」をつくって職場内での感謝のやりとりを貼りだすのもお勧めです。

オススメ書籍

スコット・アラン『GRATITUDE（グラティチュード）毎日を好転させる感謝の習慣』（ディスカヴァー・トゥエンティワン）　カナダ出身のライフコーチが感謝の気持ちを持つことの重要性や、感謝を実践するための23の習慣を紹介しています。読みやすいです。

ロバート・A．エモンズ『「感謝」の心理学～心理学者がすすめる「感謝する自分」

を育む21日間プログラム』（産業能率大学出版部）アメリカを代表するポジティブ心理学者が感謝の効果を科学的に解明しています。GRATITUDEよりも多くの研究を元にしているので、論理的に納得したい方にお勧めです。さらに21日で感謝力を高めるワークもお勧めです。

ありがとう力②　利他力

「相手のため」にする行為が自分を幸せにする

人の幸せを願い、人に親切にする利他力の高い人は幸せです。親切で思いやりのある行為をすると、オキシトシンという脳内ホルモンが分泌されます。その結果、「風邪をひきにくくなる」「老化が抑制される」「寿命が伸びる」「ビクビクしなくなる」「ストレスが下がる」「コレステロール値が下がる」「肌がきれいになる」「食欲が抑えられる」「自律神経が整う」「年収が上がる」といった効果があり、幸福度が高まることが知られています。

また先進国でも途上国でも、持っているお金を自分のためよりも人のために使ったほうが、幸福度が高まることがさまざまな研究からわかっています。2歳児でも、お菓子を自分で食べるより他人にあげたほうが、幸福度が高まるという研究もあります。つまり人間は相手のために何かすることで、幸せを感じるようにできているのです。

さらに、「親切をすることで時間的な余裕を感じる」といった研究報告もあります。現代人は、とかく時間に追われた生活になりがちですが、親切をするとそれが解消されるのです。親切をすることで脳が「自分には余裕がある」と認識するからと言われています。

街中で募金活動をしていたら、足を止めて寄付をする。コンビニで買い物したら、レジ横にある募金箱に寄付をする。ちょっとした寄付をする機会は、けっこうあります。

最近は飢餓に苦しむ国の人たちに食料支援するアプリもあります。国連の食糧支援機関である国連ＷＦＰが開発した「シェア・ザ・ミール」で、１口数十円程度でアフガニスタンや南スーダンなど、国を選んで支援活動に協力できます。

ボランティアも、自分を幸せにする効果があります。幸福度の高い会社では、付近の清掃やゴミ拾いを行っているというところも多くあります。

自由参加でボランティア旅行を行っている会社もあります。プラスチックをつくる化学メーカーで、海外からのプラスチックゴミが漂着する島に行ってゴミ拾いを行っている会社もあり、やはり幸福度が高くなっています。

利他的行為というと「偽善」といったイメージを持つ人もいます。むしろ自分の幸福度を上げるため、つまり「利己的」行為と考えれば、逆に行動もしやすくなるのではないでしょうか。

「自分のため」と思えば、相手から感謝される必要もありません。自分で「やりたい」と思うからやる。電車で席を譲るのもそうです。「年寄り扱いは、かえって失礼ではないか」などと躊躇する人もいますが、自分のためと思って譲ればいいのです。そして、やっているうちに、相手のためになっているか、という視点も追いついてきます。

面白いニュースや動画を見つけたときに、人に勧めるのも親切行為の1つですが、その場合も同様です。「つまらないと思われたらどうしよう」「時間の無駄と思われないか」などと心配しすぎず、「相手のため」と思うなら勧めればいいのです。興味がなければ相手は見ないだけです。

言わば「世話好きな大阪のオバチャン」のイメージです。初対面の人でも「飴チャン要らんか」などと言って飴をくれる。そんな〝大阪のオバチャン〟は、いつも幸せそうです。やはり人に何かする行為は、本人のためにもなるのです。

利他力の強すぎる人が注意すべきこと

そんないいことだらけの利他力ですが、幸福度診断で利他力のスコアだけが高すぎる人は、いささか注意が必要です。

たとえば介護の現場で働く人には、利他力だけが強い人が大勢います。ですが、こういう人は「自分を犠牲にしてでも人のために頑張ろう」という気持ちになりがちです。

同様の傾向は、看護師さんや保育士さんにも見られます。「患者さんのために」「子どもたちのために」と辛くても頑張ってしまう。その結果、負担がどんどん大きくなっているのに、そのことに気づかず、我が身を犠牲にして励んでしまうのです。

そんな状態が続けば幸せになれないうえ、正常な判断能力が失われていきます。いつしか利他の心も失われ、極端なケースでは虐待に走ったりしてしまう可能性すらあります。

利他力の強い人に覚えておいていただきたいのは「相手のことだけを考えた行為は身を滅ぼす」ということです。とくに幸福度診断で「ストレスの低さ」や「なんとかなる力」「ありのまま力」などのスコアが低かった人は要注意です。

このような人は、まず自分を大切にすることに意識を向けてください。自分が幸せだからこそ、利他的な行為を長期スパンで続けることができるのです。のちに紹介する「ありのまま力」、なかでも「マイペース力」を高めるのも効果的です。

オススメ書籍

デイビッド・ハミルトン『親切は脳に効く』（サンマーク出版）　スコットランド出身の有機化学博士が「親切の五つの副作用」と、それが起こる科学的なメカニズムを解説しています。自分でできる50の親切な行為リストも載っています。

ありがとう力③　許容力

「器を大きくする」ではなく、「失敗しない仕組みをつくる」

許容力には「人を許せる能力」と「自分を許せる能力」の2種類があります。この2つは表裏一体で、総じて人を許せない人は自分も許せません。人を非難している人は、最終的に自分も追いつめます。非難することで怒りやストレスを発散したつもりでも、幸せからは遠ざかっているのです。

最近は有名人が少しおかしな言動をすると、すぐにネット上で非難の声が飛び交います。これも同じで非難して一時は気分がスカっとしている人も、じつは自分を追いつめているのです。逆に人のことを許せる人は自分も許せる人で、そういう人ほど幸福度が高くなります。

職場の場合、許容力の高い人が多いか少ないかで、仕事のパフォーマンスも違ってきます。誰かが失敗やミスをしたとき、それを許さず非難する職場は少なくありません。このような職場で働く人たちの幸福度は低くなり、生産性も低くなります。

そもそも失敗した人を責めても、いいことは何もありません。むしろ責められた人は萎縮して、本来のパフォーマンスを発揮できなくなります。

それよりも誰かが失敗をしたら、同じ失敗を繰り返さないための仕組みを考えるほうが、建設的で幸福につながります。

「許容力を高める」というと、「自分の器を大きくする」といった話と思われがちです。でも誰かの失敗については、器を大きくしなくても、大半は仕組みを変えるだけで解決するのです。

失敗を「職場の仕組みをバージョンアップする機会」と考えれば、失敗を責める方向には向かいません。たとえばトヨタ自動車では誰かがミスをすると、「ミスしてくれてありがとう」と言うそうです。ミスをしたことで新たな改善の余地が見つかったからです。

失敗やミスを新たな改善のチャンスと捉える職場は許容力の高い職場で、働く人たちも幸せになります。「利他力」の項で、利他は人のため以上に自分を幸せにすると述べましたが、許容力も人のため以上に自分のためになるのです。

私はさまざまな職場で幸福度診断を行っていますが、許容力の低い人が多いと感じる職場の１つに病院や保育園があります。

患者や園児の命を預かっているので、失敗に対して許容力が低くなるのは仕方ないかもしれません。とはいえ同僚がミスをしたとき、それを責めるだけでは健全な方向に向かいません。責められたほうは「気をつけます」と謝り、反省文を書いて終わりといったことになりがちです。

そもそも反省するだけで、次からミスをしなくなる人はいません。大事なのは同じミスを起こさないための仕組みをみんなで考えていくことです。新しい仕組みを考えて、それでもミスが出たら新たな仕組みを考える。仕組みの改善を繰り返していけばいいのです。「許容力を高める」と言われて「基準を下げること」と誤解する人がいます。そうではなく、いま述べたようにミスや失敗をダメなことでなく、よりよくするためのきっかけと捉えられるかどうかです。

「にんげんだもの」という発想

そしてもう1つ、許容力を高める考え方が「にんげんだもの」という発想です。書家で詩人の相田みつをさんの言葉として有名ですが、「人間だからミスもするし、失敗もする」と考えればいいのです。

人間は、それほど立派な生き物ではありません。「にんげんだもの」と思えば人の失敗も許せるし、自分の失敗も許せます。幸せな人は、人に対して寛容になれます。逆に寛容になれば、自分も幸せになれるのです。

同時に「弱さをさらけだす」という発想も大事です。これは近年の心理学研究で言われていることで、自分の弱さをさらけだすこと自体が、自分を許すことにもつながるのです。

たとえば上司が率先して自分の失敗談を話す職場は、安心安全な職場になり、幸福度も高まります。許容力の高い組織をつくるためにも、「人間は完璧ではない」ことを前提に考えることは重要です。

自分も失敗するし、人も失敗する。みんなでダメなところを補い、よい仕組みをつくればいいという発想を持つ。

総じて日本人は、失敗した人に対する許容度が低い傾向にあります。国連の持続可能開発ソリューションネットワークが発行する「ワールドハピネスレポート（世界幸福度報告）」を見ても、日本人は「寛容さ」に関する項目が極めて低くなっています。その意味では、民族性の部分もあるのでしょう。

日本人はセロトニンと呼ばれる、精神を安定させる働きを持つ神経伝達物質が出づらいと言われます。これもまた許容力が低い原因の１つかもしれません。そのため、ちゃんと対策を練ることが大切です。

近年、職場における多様性が重視されるようになっています。さまざまな人種、国籍、性別、年齢の人を受け入れようというわけですが、日本人はそれ以前に１人１人がありのまま、自分らしく働いていないように思います。

我慢して会社の枠にはまって働いている。そんな人たちが自分たちと違う属性の人たちを受け入れ、さまざまな価値観を認めるというのは無理でしょう。まずは自分たちが幸せでなければ、多様性を認めることなどできません。

多様性とは、たんに数合わせの話ではありません。自分とは違う、いろいろな立場や価値観を認めるということです。多様な人たちを受け入れることも大事ですが、その前に1人1人が、ありのままに働く。さもなければ相手をただ、こちらのやり方に合わせるだけにしかなりません。

ありがとう力④　信頼関係構築力

「頼り」「頼られる」関係を育む

人を信じて頼り、周りからも信じられ、頼られる。そんな人は幸せです。信頼はコミュニケーションを深めることで生まれます。コミュニケーションが不足する職場では、上司からの依頼は「命令」になり、部下たちは「やらされ感」でいっぱいになります。

一方、「自分も含めて、みんな欠点はあるけれど、いい人」と思える信頼関係があれば、職場の人たちは「仲間」になります。一緒にいても楽しく、ワクワク・イキイキした気持ちになれます。

先に述べたように、職場の場合、まずは挨拶と「ありがとう」がきちんと言い合える関係になる。さらには雑談もする。昨日の出来事や、そのときどんな気持ちだったかなどを職場の人と話す時間をつくってください。

　繰り返しになりますが、これは相手を機械ではなく、人間としてつきあうことでもあります。人と人としてつきあうことで、信頼関係は構築されていきます。そうなれば相手を信頼しても、そうそう裏切られることはありません。

「同じ釜の飯を食べた仲」という言葉があるように、同じ空間でワイワイ楽しく過ごす時間を共有していれば、自然に信頼感は生まれます。その意味では一緒に昼食を食べたりするのも有効です。コロナ前の話ではありますが、昼食の時間だけをコアタイムとし、それ以外の時間をフレックス制にしている会社もありました。

　また、信頼関係には相手のいいところを探すことも大事です。周りのみんなを肯定するようにしてください。

　他者の肯定は、自分自身を認めていなければ難しく、自己肯定力を高めることも大事です。自分を信じていれば、相手のことを信じて、頼ることもできるようになります。

頼るのが苦手な人は、まず簡単な仕事から頼んでみる

信頼関係とは、お互いに頼ったり頼られたりできる関係でもあります。頼ったり頼られたりする中で、信頼関係もより高まっていきます。

　逆に言えば相手のことをよくわからないうちは、「頼られるのはいいけれど、頼るのは

苦手」と考える人もいます。「頼ることは相手の負担になるのでは」と心配する人もいます。

とはいえ頼られることで幸せを感じる人もいます。ネイティブインディアンには「人を頼ることができて一人前」と考える部族もあるそうです。ぜひ人を頼ってみてください。

ここで言う「頼る」は、完全に相手に寄りかかることではありません。「自分がしっかり立っているからこそ、相手に頼ることができる」といったイメージです。そして自分の言いたいことを相手にきちんと伝える。同時に、相手の言いたいことも大切にする。両方を併せ持つコミュニケーションです。

現代で多いのは、自分が言うだけのコミュニケーションや、相手から言われるだけのコミュニケーションです。そうではなくうまく両立させることが大事で、それができるからこそ信頼関係もつくれるのです。これはアサーティブコミュニケーションとも呼ばれます。

頼るのが苦手な人は、少しずつ慣れていくのも1つです。まずは簡単なことを頼んでみる。仕事なら、ちょっとした手伝いを頼み、期待どおりの仕事をしてくれたなら、その人への信頼度は高まります。

そこで次は、もう少し難しい手伝いを頼んでみる。これを繰り返す中で信頼関係も深まっていきます。どこまで頼っていい人かもわかってきます。

「この人はここまでなら頼れる」と見極めるのも、信頼関係構築力です。これが先に述べた「自分で立つ」ということでもあります。

信頼とは相手に甘えたり、ベタベタな関係を築くことではありません。相手のことを知り、適切な距離感をとりながら頼ったり頼られたりする。だからこそ信頼関係が幸福度を高めることにもなるのです。

オススメ書籍

平木典子『アサーション入門―自分も相手も大切にする自己表現法』（講談社）アサーションの理論を学ぶ第一歩として、お勧めです。

戸田久実『アサーティブ・コミュニケーション』（日経文庫）「アサーティブ」は「自分を主張する」という意味です。相手を尊重しながらも自分自身の意見を伝える方法を職場のケースを中心に紹介しています。具体的なケースを知るのにお勧めです。

ありがとう力⑤　コミュニケーション能力

コミュニケーションには対話が大切

周りの人とよいコミュニケーションを取れる人は幸せです。コミュニケーションの最も基本となるのは挨拶です。たとえば、朝会ったら挨拶をする。コミュニケーションは、まずここから始まります。

そのうえでコミュニケーションは大きく3種類に分かれます。

①会話——会って話すこと。雑談なども含む。
②議論——共通の目的に向かって意見や考えを声に出し、解決すること。
③対話——お互いの意見や考えを言葉に出し、違いを認めて相互理解を行うこと。

3つの中で、日本の職場で圧倒的に不足しているのが、③の「対話」です。もっぱら②の「議論」のみが重視されがちです。

ですが相互理解や信頼関係を築くうえで、対話は極めて大切です。お互いに思っていることや感じていることを声に出す。そんな対話的なコミュニケーションを増やすようにしてください。

一般に男性は議論好きで、女性は会話や対話を好む傾向があると言われます。対話を求める女性に男性が議論で応じ、不興を買うのはよくある話です。

女性はただ自分の感情に共感してほしいだけなのに、男性は解決策を提案したがる。そんな男性の態度に不満を抱くといった具合です。

同じことが職場でも起こっていて、これが衝突の原因になることも往々にしてあります。部長同士の会議などで反対意見を言うのは、論理的理由でなく、たんなる派閥争いといったケースはよくあります。

こういうときは、相手の意見に耳を傾け「彼はなぜこんなことを言うのか」と考えていくだけで自然に解消することもあります。議論ばかりだと、いつまで経っても平行線になりかねません。それを感情の部分から入ることで、「じつはこの点では一致している」といった共通点が見えたりもします。そこを足掛かりに、お互いに納得できる終着点を探すのです。

言わば「急がば回れ」で、大事なのはお互い相手がいま何を思い、感じているかを考えることです。

対話で大事なのが「傾聴」

対話を行ううえで覚えておきたいのが、対話理論の研究者ウィリアム・アイザックス氏が挙げる4つのポイントです。

①聴く（listening）――邪魔せず、抵抗せず、ただ聴く。
②大事にする（respecting）――誠実さを持ち、全身で受け取る。
③保留する（suspending）――評価や判断を保留してみる。
④声に出す（voicing）――心からの真実の声を出す。

①の「聴く」は、相手の話を全身全霊で聴くことを意味します。「聴」という漢字には

大切です。

「耳」「目」「心」という文字が入っているように、耳と目と心を相手に向けて聴くことが大切です。

また②と③のように相手の意見や考えを「大事にする」、評価や判断を「保留する」ことも重要です。「相手がこう思っている」「感じている」というのは、相手にとって100％真実です。まずは相手の言うことを「よい」「悪い」と判断せず、「この人はいま、こう思っているんだ」と味わってください。

これは上司と部下が1対1で行う1on1面談で、とくに大事な考え方です。部下の本音を聞き出すには議論でなく、「対話」が必要だからです。

たとえば部下が来期の目標を言ったときです。上司はつい「もっとこうしたほうがいいんじゃない？」などとアドバイスしがちです。もちろんアドバイスも大切ですが、これだけでは部下は心を閉ざし、以後は自分の考えを言えなくなってしまう場合もあります。

「ここはアドバイスしたほうがいい」と思ったときも、「今日は傾聴に徹する」と決めたら、ひたすら聞く。もし言いたいことがあるなら、それは日を改めて、別の場所で行う。大事なのはコミュニケーションを通して信頼感を熟成することだと、割り切ることも大切です。

実際、ある会社で1on1面談の際、上司はアドバイスは極力せず、傾聴に徹してもらったところ、その後行った幸福度診断で上司も部下も、コミュニケーションのスコアが大きく伸びました。

相手の話をしっかり聴き、大事にして、評価を保留する。これだと部下も「話を聞いてもらえる」と思えるので、積極的に自分から話しだすようになります。ただ自分の話を聞いてもらえたことで部下の幸福度は上がるのです。

一方で上司も部下の話に口をはさまないことで、部下が言いたかったことを最後まで聞くことができます。それにより部下の本心を知ることができます。「自分にここまで心を開いてくれた」と感じ、これが上司の幸福度を高めるのです。

部下が本心から話してくれれば、職場で抱えている問題に表面的でない、本質的な問題に近づくことにもなります。これは職場全体の幸福度を高めることにもなります。

いま傾聴力を高めるための「傾聴トレーニング」に力を入れる会社が増えています。議論は得意でも対話が苦手な日本人は、「傾聴が大事」と言われても、すぐに意見を口にしたがります。それがここへ来て、傾聴の大切さが理解されてきたのでしょう。

一方、自分が話すときは、自分の内側から出てきた思いや考えを声に出してみてください。頭に浮かんだフレーズを口に出すことは、とても大切です。そして可能なら、相手が受け取りやすい言い方で、口に出してみてください。話すスピードは、自分で思うよりゆっくりのほうが、より相手に伝わりやすくなります。

これらを意識して対話型のコミュニケーションを心がけていけば、相手との相互理解や信頼関係は熟成していきます。

日頃のコミュニケーションが大事故を防ぐ

コミュニケーションの取れている職場は、ふだんから挨拶や雑談も活発に行われています。これは職場のリスクを減らすうえでも重要です。

たとえば「いまの仕事の進め方に漠然とした不安を感じる」というのは、よくある話です。このときコミュニケーションの取れていない職場だと、「漠然とした不安」は伝えにくいものがあります。

「何となく違う気がします」などと伝えれば、「ちゃんと論理的に説明しろ」と言われかねません。そもそも言われることを恐れて、黙っている人も多いでしょう。それが結果的に大問題や大事故を引き起こすことにもなります。

ここで「何となく、いつもと違う気がします」「悪い予感がします」などとふわっとした状態でも言えるのがコミュニケーションの取れている職場です。ふだんから議論とは違う「挨拶」や「雑談」「対話」を行っているから、言いやすい雰囲気が熟成されているのです。

たとえ予感が外れても「よく報告してくれた」「わかった、ありがとう」などと言ってもらえれば、「言ってよかった」となります。それが部下の幸福度を高め、次回似たようなことがあれば「また報告しよう」と思うことにもなるのです。

また雑談は部下と１ｏｎ１で対話するときにも有用です。日頃から雑談をしていれば、部下の趣味嗜好や生活ぶりなどが見えてきます。１ｏｎ１の際にそれとなく水を向ければ、話をスムーズに進めやすくなります。

これは夫婦関係や親子関係でも同じでしょう。ふだんから雑談をする関係にあるから、何か問題が起きたときも、すぐに相談しようとなります。家庭内で業務連絡のような会話しかないのでは、相談しようという気になれません。

とくに男性は「いまこんなことを考えている」「今日こんなことがあった」という雑談を苦手と思いがちです。とはいえ、ふだんから雑談できる関係であってこそ、いざ問題が起きたときも解決に向かいやすくなるのです。

また、別の視点から見ると、良いコミュニケーションにはユーモアも効果的です。こちらについては、推薦図書を記載しておくので、是非御参照ください。

オススメ書籍

ジェニファー・アーカー他『ユーモアは最強の武器である：スタンフォード大学ビジネススクール人気講義』（東洋経済新報社）　行動心理学者が職場におけるユーモアの大切さを語っています。若干、アメリカンなユーモアです。が、ユーモアの大切さを深く知ることができます。

水野敬也ほか『ウケる技術』（新潮文庫）日本におけるユーモアが整理されている本です。日本人がユーモアの技術を学ぶうえで、より実用的な内容になっています。ＩＴコンサルタント時代、チームに海外のメンバーがアサインされた際に、必ず１冊買って渡していました。

幸福度を高める11のカテゴリー 4

なんとかなる力

いまやれることに集中し、あとは楽しむ

「なんとかなる力」は、困難が生じても「なんとかなる」と前向きに挑戦する力です。「前向きさ」と「楽観」の因子から成っています。リスクをとって挑戦できる人、楽観的でポジティブな人、細かいことを気にしすぎない人は幸せです。

楽観というと「いいかげんな人」で、よくないイメージを持つ人もいるかもしれませんが、そうではありません。「いまやれることに集中し、あとは楽しむ」という「人事を尽くして天命を待つ」ような前向きな考え方です。

幸福度診断では「挑戦力」と「楽観力」で構成されています。以下、それぞれについて解説します。

なんとかなる力①　挑戦力

挑戦して失敗しても「なんとかなる」と思えるのが「挑戦力」の素

挑戦力の高い人は「なんとかなる」と思う力の強い人でもあります。そして何事であれ、「挑戦しよう！」と思えるものがある人は、人生を幸せに生きられます。ドラマやマンガを見ても、多くは主人公が何かに挑戦する物語です。

高齢者に「人生で後悔していること」を尋ねると、かなり上位に出てくるのが「もっと挑戦しておけばよかった」というものです。挑戦したほうが幸せになれるのに、多くの人は挑戦せず、後悔を残したまま人生を終えているのです。

もちろん挑戦にはリスクが伴います。挑戦によって得られるものがある一方、失敗して何かを失う危険もあります。言わば「やってみよう！」という前向きな気持ちと、「失敗したらどうしよう」という不安な気持ちを天秤にかけるようなものです。「やってみよう！」が勝てば挑戦するし、「失敗したらどうしよう」が勝てば諦めることになります。この「やってみよう！」の気持ちが勝つために必要なのが、挑戦力なのです。

挑戦するメリットとリスクを書き出してみよう

挑戦力を高めるには、まず何でもいいから挑戦してみることです。挑戦には大きなものから小さなものまで、さまざまあります。何でもいいので「新しいことに挑戦してみたい」と思えるものを探してください。

見つかったら、次に挑戦するメリットや、成功するとどんないいことがあるかを書き出します。挑戦するには「やってみよう！」とモチベーションを高めることが大事です。そのためにまず挑戦のよい面に目を向けるようにするのです。

「いいことを見つけよう」と思って探せば、いくらでも見つかります。「感謝力」の項で述べた「カラーバス効果」と同じです。

たとえば「ゆくゆくは起業したい」と夢を抱いているなら、とりあえず「社内の新規プロジェクトに挑戦する」と決める。そして挑戦したら、どんないいことがあるかを考えます。

「起業に向けたノウハウを学べる」「プロジェクトが実現すれば、こんな人を幸せにできる」など、どんなものでもいいので、思いつくまま書き出してみます。

一方で、失敗したときのリスクも書き出します。挑戦したい気持ちがあるのに諦めてしまうのは、失敗したときのリスクを恐れ、不安になるからです。じつは不安は、頭の中で、どんどん大きくなります。

これを防ぐのが、紙に書き出す作業です。書き出してみると頭の中で考えていたほど、たいしたリスクではないことに気づきます。

しかも書き出すことで、対策を講じることもできます。不安が的中したとしても、それほど大きな損害を出さずにすみます。

私の場合、「幸せの見える化」サービスを起業化するにあたり不安に思うことを書き出しました。起業するには、勤めているＩＴ系のコンサルタント会社を辞めなければなりません。当然、収入は不安定になります。失敗したら、路頭に迷うかもしれません。

でもそれが本当に「世界中の人を幸せにしたい」という思いを諦めるほど、大変なリスクなのか。具体的に考えてみたのです。

考えるにあたり参考にしたのが、すでに起業した人たちです。成功した人もいれば、うまくいかなかった人もいますが、借金で首が回らなくなり命を絶った人は１人も見つかりませんでした。失敗しても、命までは取られないとわかったわけです。

あるいは死なないまでも、路頭に迷うのではないかと考えてみました。するとむしろ起業するような人材には、転職先もたくさんあるということがわかりました。

そう考えれば失敗は、たいしたリスクではありません。挑戦しない理由はないことがわかったのです。

また不安を減らす意味では、規模を小さくして挑戦するのも1つです。とりあえず3カ月だけ挑戦し、手応えを感じなければやめる。あるいは元手1000万円ほどの規模で考えていたものを、まずは元手100万円でやってみる。会社を辞めずにやってみる。

要は、やってみたいモチベーションを高め、失敗したときのリスクを減らしていくことです。モチベーションが上回れば、自然と挑戦することができます。

加えて、次項でご紹介する「楽観力」を高めることも大事です。どんな挑戦であれ、100%成功が約束されているものはありません。「失敗してもなんとかなる」という楽観力があるからこそ、挑戦へのハードルも越えられます。

挑戦するしないで迷ったら、コインで決めるのも一法

そしてもう1つ、やるかやらないか迷ったときにお勧めしたいのがコイントスで決めるというものです。たとえば10円玉を投げて手のひらで受けとめ、「表が出たらやる、裏が出たらやらない」と決める。

冗談と思うかもしれませんが、科学的な研究報告もあります。シカゴ大学の調査で、やるかやらないか迷ったとき、いつまでも悩み続けるよりコイントスで決めたほうが幸福度が高まるという結果が出たのです。

これは私自身、よく使う方法です。机の上に10円玉を常備し、迷ったときはコイントス

で決めています。そもそも迷うような内容ですから、実際はやってもやらなくても、どっちでもいいのです。だからコイントスの結果に従っても、たいして問題ありません。

またコイントスの結果「やらない」となっても、やりたい気持ちが強ければ翌日もまたコイントスをします。何回もやれば、いずれ「やる」が出ます。本当にやりたいことなら、結局はやることになるのです。

大事なのは決めることで、それが論理的な理由でもコイントスで決めたものでも、決めてしまえば幸福度が高まるのです。逆に言えば、悩んでいる状態はそれぐらい幸福とは遠い状態にあるのです。

やるかやらないかで悩むのは、いわばアクセルとブレーキを同時に踏むのと同じです。自分の中に大きな負担がかかっていて、そこから抜け出すためのコイントスでもあります。

身近な例では、好きな人への告白もそうです。「あのとき告白しておけばよかった」というのは、お年寄りがよく言うセリフです。のちに後悔するぐらいなら、勇気を出して告白する。勇気が出ないなら、スパッと諦める。自分で決められないなら、コインで決める。

そもそも絶対に成功することなら悩みません。絶対に失敗することでも悩みません。どちらの可能性もあるから悩むわけで、悩んでいる時点でどちらに決めてもいいのです。決めさえすれば幸福度は高まるのです。

周りの応援が挑戦力を高める

そして挑戦への一歩を踏み出したら、挑戦し続けることも大事です。それには先に述べたモチベーションを高めたり、不安を解消する作業を続けることと同時に、仲間を見つけることです。

「成長意欲」の項でも述べたように、周りが挑戦していたら自分も挑戦しようという気持ちが起こりやすくなります。会社なら上司が挑戦している職場では、部下たちも挑戦するようになります。

上司と部下の挑戦力は非常に相関が高く、「うちのメンバーは誰も挑戦しない」と苦言を呈しているリーダーは、リーダー自身が挑戦していないことが多いです。だからメンバーも挑戦しないのです。

多くのリーダーは、そのことに気づいていません。自分が挑戦していないことに気づかず、「うちのチームは挑戦しなくって……」などと、こぼしているのです。リーダーが挑戦することで、メンバーも挑戦するようになります。

逆に言えば挑戦力を高めるには、挑戦を推奨する環境にいることも大事です。挑戦と安心はセットで、応援してくれる環境のもとでこそ挑戦はしやすくなります。失敗したら出世できないような会社では、誰も挑戦しようとはなりません。挑戦力を高めたいと思ったとき、いま職場が挑戦に対してどのような態度をとっているかを見極めることも大事になります。

筋トレや日光浴も挑戦力を高める

また科学的データとして、挑戦力が高い人は男性ホルモンの一種であるテストステロンが多いことがわかっています。テストステロンを増やすには、筋トレが効果的です。体の中で最も筋肉量の多いのは太股なので、スクワットなどで太股の筋肉を鍛えると、より効果が期待できます。

栄養をバランスよく摂ることも大事です。なかでもビタミンＤは、テストステロンを増加させます。ビタミンＤはきのこ類や卵類、魚類に多く含まれます。また日光を浴びることでも生成されます。

シリコンバレーが起業のメッカになっているのは、晴天日が多いことが関係するという話もあります。サンノゼにあるシリコンバレーでは、日光がつねに燦々と降り注いでいます。そんな環境にいる彼らは新規プロジェクトに失敗しても「何とかなる」と意に介さず、突拍子のないアイデアでも「よし、これで挑戦しよう！」となるというのです（シリコンバレー周辺の晴天日は年間３００日程度なのでほぼ晴れています。東京の晴天日は年間２２

0日程度）。

また、日光を浴びると、精神を安定させる脳内物質セロトニンが増えることにもなります。そのせいか日光量の少ない北欧は自殺率が高いと言われます。

そんな北欧諸国では、とくに日照時間が少なくなる冬は、暖かくした家の中で長時間おしゃべりを楽しみます。北欧諸国は「幸せの国」としても有名ですが、日照量が少ない地域だからこそ、逆に幸せになるための仕組みづくりを大事にしているのかもしれません。

ほかに「ストレスを溜めない」「よく笑う」なども効果的です。逆に怒られたり、クレームを受けたりするとセロトニンが少なくなることもわかっています。つまり挑戦力を高めるには、ストレスを溜めない環境にいることも大事なのです。

なんとかなる力② 楽観力

楽観力は「人事を尽くして天命を待つ」こと

楽観的に物事を見られる人は幸せです。ただし楽観とは「何とかなるでしょ？」「適当でいいんじゃない？」といった考えのことではありません。英語なら〝optimism〟、日本なら「人事を尽くして天命を待つ」に近い概念です。

あるいはアメリカの神学者、ラインホルド・ニーバーの言葉「ニーバーの祈り」です。

「神よ、変えることのできないものを受け入れる平穏さを、変えることのできるものを変えるだけの勇気を、そして、変えられないものと変えられるものを区別する賢さを、われらに与えたまえ」という祈りの言葉で、アルコール依存症の克服や認知行動療法などでよく使われます。まさに楽観力とは何かを表している言葉です。

要はコントロールできないことはできない、できることはできる。だからコントロールできることに注力し、コントロールできないことは受け入れる。そのためには、コントロールできることとできないことを見分ける必要がありますが、違いを見分けるのは難しい。だからその見分け方を学ぼうというのです。

どうすれば見分けられるかというと、大事なのが行動です。先に述べた「人事を尽くして天命を待つ」も、まずはいろいろ挑戦したり、手立てを講じることから始まります。頭の中で、できることとできないことを判断するのではなく、まずはぶつかってみる。そうして見分ける力をつけることで、楽観力も高まっていくのです。

一方、楽観力を高めることを阻む要素に「漠然とした不安」があります。漠然とした不安は頭の中で拡大します。漠然とした不安を感じているときは、それを書き出して具体化することが有効です。物事を俯瞰的に見て、対策を考えることができるからです。

普通の人は、いま抱えている悩みは、10年後には覚えていません。その程度の悩みなのです。楽観力を高め、いまできることに集中しましょう。

京セラの創業者、稲盛和夫氏の言葉に「楽観的に構想し、悲観的に計画し、楽天的に行動する」というものがあります。楽観的なほうが新しいことに取り組んだり、行動に移しやすくなります。一方で悲観的なほうが、緻密にいろいろなところに目が向きます。

悲観は「気分」であり、楽観は「意志」とも言われます。もともと人間は悲観的に考える傾向があります。総じて、いいことよりも悪いことを覚えています。原始時代から「ここにいたらマンモスに踏まれてしまう」などと悪いことを覚えておくことが、生き残るうえで重要だからです。悲観的に物事を見られる人が、生き残ってきたのです。

とはいえ現代は、かつてほど命の危険がありません。だからこそ意志の力で楽観的に物事を考えていくことが大事になるのです。

楽観力を高めるバナナと納豆巻き

楽観力は、セロトニンを増やすことで高まります。セロトニンは精神をリラックスさせる脳内物質で、「それで大丈夫」と心を安定させる働きがあります。

ただし日本人は、民族的にセロトニンが不足しやすいということがわかっています。セロトニンを伝えるセロトニン・トランスポーター遺伝子が日本人には少ないからで、日本人が楽観力を高めるには、海外の人以上にセロトニンを増やす行動が必要になります。

セロトニンを増やすには、挑戦力の項でも述べた「よく笑う」「日光を浴びる」ことなどが効果的です。明るい人工灯を浴びるライトセラピーも、日光浴と同様の効果がありま す。ライトセラピー用のライトは、安いものなら通販で３０００円程度で買えます。日照時間の少ない季節や雨の日などに活用してみてはいかがでしょう。

ほかに「散歩」「おしゃべり」「スキンシップ」「ストレスをなくす」も大事です。運動、とくにダンスやジョギングなど、リズミカルに体を動かすものも効果的です。

食べ物では、バナナがお勧めです。セロトニンの材料となる栄養素は必須アミノ酸のトリプトファンとビタミンB６、炭水化物の３種です。バナナはこれら３種すべてを含んでいます。

ある会社では、福利厚生の一貫としてオフィスに「バナナ食べ放題」のコーナーを設けています。社員の健康増進が目的のようですが、楽観力や幸福度も高めているのではないでしょうか。

もう１つお勧めが納豆巻きです。納豆はトリプトファンとビタミンB６、御飯は炭水化物を豊富に含んでいます。

「よく噛んで食べる」こともセロトニンが出やすくなると言われます。ぜひバナナや納豆巻きをよく噛んで食べてください。

チェックリストをつくって不安を解消する

日頃のワークとして、不安に思うことを紙に書き出すのも効果的です。「挑戦力」の項でも述べたように、頭の中で考えるだけだと、不安な気持ちはどんどん高まっていきます。紙に書いて客観的に見つめることで、不安の多くはたいしたことではないとわかります。

また思いどおりにいかず困っていることや悩んでいることを3つ思い浮かべ、その後「何とかなる」「何とかする」「気にしない」と言い換え、書き出すのも1つです。

不安に思う事柄について、チェックリストをつくる手もあります。たとえば保育園の先生やお医者さんなどは不安を抱えやすい職種ですが、やらなければならないことを書き出し、1つ1つチェックしていくだけで不安は解消します。

旅行に行くとき「クレジットカード」「スマホ」「充電器」「常備薬」などと、チェックリストをつくって忘れ物防止をしている人は多いでしょう。これと同じ要領です。チェックリストをつくり、改善点が見つかれば、そのつどバージョンアップしていく。これをするだけで、仕事における大部分の心配事は解消されます。安心して、それ以外のことに目を向けられるようになります。

オススメ書籍

マーティン・セリグマン『オプティミストはなぜ成功するか』（パンローリング）数多くの実例や研究結果を元に、オプティミスト（楽観主義）がいかに有効かを知ることができます。また、オプティミストになるためのワークも数多く載っています。

幸福度を高める11のカテゴリー 5

ありのまま力

自分の人生の主人公は自分だけ

「独立」と「自分らしさ」の因子から成るのが「ありのまま力」です。「本来感」とも呼ばれます。「本来の自分を理解して自分らしくふるまう人」「人目を気にしすぎない人」「自分のペースを守る人」「人との比較に陥らない人」、このような人は幸せです。

それは自分の思いどおり、楽に生きることとは違います。「こうありたい」と理想を描き、そこに向けて進んでいくことでもあります。言い換えると、「自分の人生の主人公は自分だけ」ということでもあります。

ありのまま力を構成する項目は「マイペース力」です。以下に解説していきます。

ありのまま力　マイペース力

まずは自分の感情に目を向け、自分を知る

マイペース力とは、自分らしくあるために必要な力です。マイペース力は大きく3つに分けられます。

①自分を知る
②自分らしさを発揮する
③自分はどうありたいか考える

自分を知らないと、自分らしさを発揮することはできません。ただし自分らしさは、どんどん進化していきます。

自分を知り、自分らしさを発揮するだけだと、周りにとって「迷惑なだけの人」になりかねません。他人に配慮せず、自分のやりたいことだけやったのでは『ドラえもん』のジャイアンのようになってしまいます。そこで「どうありたいか」を考え、アップデートしていくのです。

また①の「自分を知る」には、2種類あります。1つは内的自己認識、つまり「自分が

自分をどう捉えているか」、もう1つは外的自己認識、つまり「周囲が自分をどう捉えているか」です。

内的自己認識を知るには、「現在の自分」「過去の自分」「未来の自分」について考えることが大事になります。なかでも大事なのが「現在の自分」を知ることです。自分の感情に目を向けて「自分は何が好きで何が嫌いか」に気づく。

現代人は感情を切り捨て、自分の感情に無関心な人が大勢います。もっと自分の感情の動きに注意を向けてみてください。

食べ物なら、何が好きで何が嫌いか。仕事なら、どんな仕事が好きで、どんな仕事が嫌いか。人間関係では、どんなタイプが好きで、どんなタイプか嫌いか。休日の過ごし方は、どのように過ごすのが好きか嫌いか。

自分の中で考えるのもいいし、日常生活の中でそのつど感じる感情に気づくことも大事です。

ただしこれは「嫌いだから、嫌いな仕事はしない」「苦手なタイプとは関わらない」という話ではありません。あくまで自分を知るための作業です。

現代人には、物事を好き嫌いで分けること自体をダメ、と思っている人が少なくありません。そこをあえて考えてみる。紙に書き出すほうが、より自分と向き合えますが、書き出すのがつらいなら思うだけで十分です。

とくに日本人は、自分の感情に目を向けるのが苦手と言われます。たとえば幸福度が高い国の1つであるデンマークの図書館には、感情別に本を並べたコーナーがあるそうです。「悲しいときに読む本」「怒ったときに読む本」といった具合で、その時々の感情に寄り添う本です。

一方で日本人は「喜怒哀楽を表に出してはいけない」「つねに冷静に対処しなければならない」といったプレッシャーを受ける場面が少なくありません。もちろん出さないほうがいいときもありますが、「いま自分がどう感じているか」に気づくことは大事です。

一方で「過去の自分」にも目を向ける。ヒントになるのは、自分はどんなときに幸せだと感じていたかです。このとき過去の感情をグラフ化した「ライフチャート」をつくるのも1つです。

横軸を年齢、縦軸を幸福度にして、何歳のときの自分の幸福度はどれぐらいだったかをグラフ化します。たとえば中学時代を振り返り、「部活動ではどんなときに幸せを感じたか」「友だちと何をしているときに幸せだったか」、そんなことを思い出してグラフ化するのです。

過去を振り返る中で、自分にはどんな幸せなことがあったかを思い出すことができます。同時に、自分はどんなことに幸せを感じるか、気づくこともできます。

こうして「現在」と「過去」の内的自己認識が見えてきたら、最後は「未来」について考えます。現在と過去の自分がどのような場面で幸せを感じたかをもとに、自分という人間は今後どうすれば幸せになれるかを考える。「自分らしさ」と「幸せ」を両立させる方法を考えていってください。

「褒められた自分」を覚えておく

もう1つの外的自己認識は、周囲の人に聞くことでわかります。とくに自分の「よいところ」を聞くようにしてください。

自分のよいところは意外に自分で気づかないものです。「私のよいところは、どこだと思う？」と友達に聞いてみると、思いもしなかった答えが返ってきたりします。自分では気づかなかった自分の長所を発見することができます。

なかには「自分のよいところなんて恥ずかしくて聞けない」という人もいるでしょう。そういう人は、周りの人の反応に耳を傾けてください。たとえば同僚から褒められたら、それを覚えておくといった具合です。

人から褒められても、そのことに気づかなかったり、すぐ忘れてしまう人は少なくありません。それはもったいない話で、褒められたことは覚えておき、できれば紙に書いておいてください。自分の良い部分は、自分では当たり前になってしまっていて、逆に気づきにくいものです。

感謝されたときも同じです。人から「ありがとう」と言われたら、それは相手から褒められたということに近いです。何について「ありがとう」と言われたかを覚えておき、これも紙に書いておきます。

日本人は褒められたり感謝されたりしたとき、素直に受け取らない傾向があります。「お世辞でしょ」「社交辞令でしょ」と思いがちですが、「これもまた自分」と素直に受けとめるようにしてください。

自己決定する機会を増やす

内的自己認識と外的自己認識がわかったら、自分らしさを発揮する機会を増やしていきましょう。たとえば小さなことでもいいので、自分で決める。人間は人から言われるより、自分で決めていったほうが、幸福度は高まります。

幸福に働ける職場環境は、どのようなものかを調べた調査があります。「広々した環境」「狭くて集中できる環境」など、いろいろな条件で調べた結果、どんな環境よりも自分で決められることが大事だとわかりました。

もちろん職場で、すべてを自己決定することはできません。多くは上司や組織の都合で決まります。それでも仕事のやり方や机の上のレイアウト、カバンの中身など、自分で決められるものはあります。そうしたところで、少しでも自分らしさを発揮する。それだけでも幸福度は高まります。

そもそも、どんな仕事であれ、すべてを自分で決めることはできません。組織に属していると「組織に縛られて何もできない」と思いがちですが、じつは起業家やフリーランスの人もすべてを自己決定できるわけではありません。相手がいる限り、相手の都合に合わせなければならないこともあります。つまり「隣りの芝は青い」という話で、どんな人でもすべて自分で決めてはいないのです。

ならば少しでも自分で決められることは自分で決める。通勤ルートも決められるし、昼食に何を食べるかも決められます。仕事の手順ややり方も、自分の裁量で決められる部分はあります。自分で決められることを見つけていってください。

自分なりの「こだわり」を日々発揮する

もう1つ、自分の価値観やこだわりを日々発揮することも大事です。企業でのワークショップで自分なりのこだわりを聞くと、驚くほどいろいろな答えが返ってきます。

「メールには必ず『ありがとう』をつける」「誰よりも早く出社する」「人の発言を絶対に否定しない」「仕事を依頼されたら、すぐに手をつける」といった具合で、これらも人と違う「自分らしさ」の1つです。

ワークショップでは、こうした自分なりのこだわりをチームでシェアします。自分のこだわりを人前で発表したり、人のこだわりを聞いたりするのも重要で、人と違う自分のこだわりに気づくことで「自分らしさ」もわかってきます。また人のこだわりをどう考えるかで、自分の価値観に気づくことにもなります。また、こだわりは、100%実行できていなくてもかまいません。時と場合に寄ることもありますので、なるべく心がけていることと、なるべく実行していることで、良いのです。

人のこだわりを聞いて、よいと思うことを自分にも採り入れていけば、自己肯定力も高まっていきます。お互い相手のよいところを採り入れていけば、チームの生産性も上がっていきます。こうしたことができるチームは幸福度の高い、良いチームになります。

このワークショップは、とくにバックオフィス系の方たちに好評です。みな自分なりにこだわりを持って仕事をしていますが、周りの人たちは気づいていないということも多いです。そんなこだわりを知ってもらう機会になるからです。

こうした「こだわりのシェア」は、ワークショップに限らず、日常のちょっとした場面でも可能です。たとえば昼食を一緒に食べたとき、「仕事で、こだわっていることはある?」と聞いてみる。ワークショップでは、5分もあればさまざまな「こだわり」が出てきます。昼食の時間でも、いろいろな話を聞けるはずです。機会を見つけて、ぜひ試してみてください。

マイペース力の低い人は、もっと自己主張していい

マイペース力が低い人の多い職業に、保育士さんや看護師さんがあります。こうした人たちは相手のことを大事にしすぎて、自分を蔑《ないがし》ろにしてしまいがちです。そうなると「ありのまま力」が失われ、つらくなって辞めることにもなります。

このような人たちに意識していただきたいのがアサーティブ（自己主張すること）なコミュニケーションです。人のことを考えるのと同じぐらい、自分のことも考えるようにしてください。

ただし自分を主張するだけでなく、相手のことも尊重する。人のことだけを考えすぎても、自分のことばかり考えすぎても、幸福度は高まりません。

マイペース力が低い人の多くは、自分が人のことばかり考えていることに気づいていません。幸福度診断でマイペース力のスコアが低かった人は、これを「もっと自分のことを考えていい」というメッセージと受け取ってください。

そして「自分はどのような人間か」「自分にとって幸せなことは何か」を考え、それを増やすにはどうすればいいかを考えてみてください。

失敗談を話すと自分らしさを発揮しやすくなる

マイペース力を高めるには、弱みをさらけ出すことも大事です。たとえばチーム内で失敗談を共有しあうと、仲がよくなったり、安心安全さが増したりして、幸福度が高まることがわかっています。チームの中で自分らしさも発揮しやすくなります。

「しくじり先生　俺みたいになるな!!」というテレビ番組があります。「しくじり先生」が過去の失敗エピソードを話し、そこから学んでもらうという内容です。番組ではどん底から回復する過程までを語っていますが、失敗談を話すだけでも十分です。学びの部分がなくても、失敗談を共有するだけで安心安全な環境が生まれ、自分らしさを発揮しやすくなっていきます。

なかには自分なりの美学があり、「弱い自分は見せたくない」「失敗談をするなんて、みっともないことはできない」と考える人もいるでしょう。ただ失敗や弱みも含めて「ありのままの自分」であり、これらを見せたほうが自分の中の安心安全も増えます。

まずは、ちょっとした失敗談を話してみる。ちょっと恥ずかしかった経験を話してみる。相手のリアクションを見たら、自分で思っているほど、たいした失敗ではなかったと気づくこともあります。そんなことに気づくためにも、失敗談を話してみてはどうでしょう。

ただし、こだわりを持ちすぎると、自分勝手になる危険もあります。自分らしいこだわりを大切にしつつも、周りの人のこだわりや自分らしさも大切にしてあげてください。

嫉妬が「なりたい自分」を知る手がかりになる

自分はどのような人間であるかを知るうえで、「嫉妬」も手がかりになります。嫉妬というと悪い感情として見られがちですが、嫉妬は「自分がそうなりたい」という願望でもあります。

誰かに嫉妬するのは、自分が「そうなりたい」という気持ちがあるからです。自分が手に入れたいものを相手は手にしている。そういうときに人は嫉妬心を抱きます。つまり嫉妬する相手は憧れの対象なのです。

自分が欲しくないものを相手が持っていても、それに嫉妬することはありません。たとえば私が逆立ちを30分できる能力があったとして、それに嫉妬する人は多くはないでしょう。

誰かに対して嫉妬の感情が芽生えたら、それは「自分はこうなりたいんだ」と自分を知るきっかけになるのです。

また「なりたい自分」を見つけるうえで、ロールモデル（お手本）を探すのも有効です。職場の上司や先輩といった身近な人はもちろん、歴史上の偉人、創作物の人物でもいいし、ピンと来る人がいなければ複数の人物を組み合わせてもＯＫです。何かに挑戦するときは『ワンピース』のルフィ、社内で物事を進めるときは『課長島耕作』の島耕作といった具合です。

ロールモデルを持つメリットは、具体的に何をやればいいかを、イメージしやすいことです。自分はこの人のどこに憧れるのかがわかれば、どのように真似をすればいいかもわかります。いまの自分に何が不足しているかもわかります。そのうえで現在の自分とのギャップをどう埋めればいいか考えていけばいいのです。

オススメ書籍

ターシャ・ユーリック『ｉｎｓｉｇｈｔ（インサイト）――いまの自分を正しく知り、仕事と人生を劇的に変える自己認識の力』（英治出版）　何千人ものリーダーや社員たちの自己認識を向上させ、成功を支援してきたアメリカの組織心理学者が書いています。かなりぶ厚いので、少しずつ読み進めていくことをお勧めします。

幸福度を高める11のカテゴリー 6

BigFive性格傾向

行動を変えることで性格も変えられる

BigFiveとは、心理学の分野で性格を分析する手法として定評のある、5つの性格診断です。「エネルギッシュ力」「フレンドリー力」「まじめ力」「情緒安定力」「おもしろがり力」があり、いずれも数値が高いほうが幸せである傾向が強くなります。

ただし、5つすべてが高い人は稀で、「エネルギッシュ力は高いけれど、情緒安定力は低い」といった人も少なくありません。誰しも得意不得意があるということです。

なお、カテゴリー2の項から紹介してきた幸福度を高める4つの因子「やってみよう力」「ありがとう力」「なんとかなる力」「ありのまま力」は心の持ちようでしたが、こちらは性格・気質を表します。

「性格を変えることはできるのか」という議論もありますが、半分は遺伝、残り半分は過去の経験で決まるとも言われています。経験を重ねていくことで、性格傾向も少しずつ変えていくことができるのです。

アメリカの南メソジスト大学の研究でも、行動を変えることで性格傾向が変化することがわかっています。ただし「変化しよう」と思うだけでは変わらず、変わったのは行動した人だけでした。性格傾向を変化させたい人は、行動を変えることから始めてはどうでしょう。

以下、それぞれの性格傾向について解説と行動のヒントをご紹介していきます。

BigFive性格傾向① エネルギッシュ力

人との交流がエネルギッシュ力を高めていく

「エネルギッシュ力」は興味関心が外に向く傾向を示しています。積極性や外向性なども、エネルギッシュ力の1つです。

エネルギッシュ力の高い人は、自分の関心を外の人や物に向ける傾向があります。また物事に熱中したり、社交的で明るい傾向があります。外の世界への興味や関心が強いので、環境の変化に柔軟に対応する能力も高い傾向があります。

そこから意識を外に向ける必要のある経営者や営業職で成果を出しやすい傾向もあります。一方で1つのスキルや専門性を求められる職人的な仕事では、エネルギッシュ力があまり高くない人もいます。

エネルギッシュ力を高めるには、人との交流をどんどん図っていくことが大事です。たとえばコンビニや飲食店の店員さん、ふだんあまり話さない職場の人などと、ちょっとした会話をする。会話と言っても、まずは商品を受け取って「ありがとう」と言ったり、「今日は暑いですね」と天気の話をするといった具合です。

また外部で開かれるイベントへの参加もエネルギッシュ力を高めます。初対面の人と楽しく過ごすには、話のネタを持っておくと便利です。珍しい名前の人なら名前の由来、出身地やいま住んでいる場所に関する話、いま話題のニュースや著名人に関する話題など、5つほど持っていれば、いろいろな場面で重宝します。必ずしも場が盛り上がるようなネタでなくともかまいません。

テレビに出てくるタレントさんたちは、みなこうした持ちネタをつねに仕込んでいます。「こんな話題になったら、こんなトークをしよう」といった具合で、ぜひ自分の持ちネタを仕込んでください。

いろいろな人と交流し、人間関係も深まっていくと、エネルギッシュ力も高まっていきます。以下に具体的な行動のヒントを、難易度に応じてレベル1からレベル10まで紹介します。幸福度診断でエネルギッシュ力が低かった人は最初のほうから、高かった人は後半あたりから取り組んでみてください。

【レベル1】

・寝る前に、今日のよかった出来事を振り返り、どこがよかったかを考える。
・お店でレジの人に挨拶をする。
・外部の人が主催するイベントに参加する。
・「お住まいはどちらですか?」など、よく聞かれる質問について、いくつか簡単な答えを用意し、スムーズに答えられるようにしておく。
・スポーツや映画など、いま話題になっていることについて話のネタ帳的なものをつくっておく。
・自分の話でウケたものをメモしておき、別の機会でも使ってみる。

【レベル2】

・フェイスブックなどSNSの人の投稿にポジティブなコメントをする。
・しばらく話していない友人に電話する。
・友人をコーヒーに誘う。
・馴染みのレストランや居酒屋でホールスタッフに話しかける。
・その日あった面白い話、笑える話を1つ書いてみる。

【レベル3】

・ＳＮＳのプロフィールを更新し、最近経験したポジティブなことや興味深いことを書く。
・友人を食事に誘う。
・新しい飲食店に行き、ホールスタッフと会話する。
・ボランティア団体を探し、ボランティアイベントに参加する。
・今週やることをすべてリストアップし、その中からワクワクすることを必ず１つ以上見つける。

【レベル４】
・友人を家に呼び、ゲームをしたり動画を見たりする。
・同業種または異業種が集まる交流会を探し、参加する。
・自分の仕事や職場について、初対面の人に興味を持たれそうな伝え方を考えておく。
・友人に自分に起きた面白い話や笑える話をする。
・友人や知人を誘って映画やライブなどを見に行く。
・「どこで食べたい？」「このテーマについてどう思う？」などと意見を求められたら率直な意見を述べる。

【レベル５】
・友人と週末の予定を立てる。

・いままで行ったことのないレストラン、経験したことのないスポーツやレジャーを試してみる。
・ふだん家で寛いでいる時間に外に出て、運動や友人と会うなどアクティブなことをする。
・自分がワクワクするアクティブな活動を思い浮かべ、実際にやってみる。
【レベル6】
・スマホなどで気になるイベントを探し、友人と一緒に参加する。
・社内や近所で興味ある活動を探し、加入する。
・親しい友人に心を開き、将来の夢や希望を正直に話す。
【レベル7】
・飲み屋で隣りの人に話しかける。
・イヌの散歩をしている人に話しかける。
・親しい友人に現在抱えている悩みを打ち明ける。
・社外に出る企画を率先して立案、実行する。
【レベル8】
・友人と一緒にイベントを計画し、そのイベントに新しい人を誘う。
【レベル9】

・同僚や近所の人をランチやディナーに誘ってみる。相手に「時間がない」と言われても、別の日時などを提案してみる。
・ボランティア活動でリーダーシップを発揮する。
・チームのプロジェクトとして社会的なイベントを企画する。

【レベル10】
・ＳＮＳなどでゲームや写真など自分の趣味を中心としたイベントを企画する。

ＢｉｇＦｉｖｅ性格傾向②　フレンドリー力

協調性や誠実性から成る「フレンドリー力」

「フレンドリー」というと一般に「親しみやすい」といったイメージがありますが、他にも、協調性や誠実性なども関係します。人を助け、助けられることを楽しめる能力でもあります。フレンドリー力の高い人は、自分からフレンドリーに接することができるし、人からフレンドリーと思ってもらえます。

協調性は、つながりを築くためにも重要です。フレンドリー力が高いと、よい社会的つながりをつくることができ、その結果、健康面にもよい影響があると言われます。また他者との協調性が求められる環境で、大きなパフォーマンスをもたらします。

一方、個人での作業が主となる業種では、パフォーマンスに直接的にはあまり関係しないこともあります。ただし全体で見ると、フレンドリー力が高いほうが幸福度も高くなる傾向があります。

フレンドリーの正反対の態度が「暴言」です。職場で暴言を吐くと、パフォーマンスが下がります。暴言を受けた人はパフォーマンスが6割ほど下がり、それを聞いている周りの人たちは3割ほど下がるという報告もあります。暴言を吐く人がいると周りの人は「次は自分に矛先が向くかもしれない」と不安になるからです。10人の職場なら、暴言を受けた人が6割、残り8人が3割ずつ下がることになります。1人の暴言によって、3人分ぐらいパフォーマンスが下がるのです。

同様のものに、不機嫌や無礼さについても、幸福度やパフォーマンスを下げるだけでなく、それが周りにも伝染していきます。副流煙と同程度に周りへ悪影響を与えるという報告もあります。そういったものを防ぐためにも、フレンドリー力は重要です。

フレンドリー力を向上させるうえで効果的なのは、人との共同作業です。また地域や会社のサークルに参加することでも、フレンドリー力は向上します。

「笑顔で挨拶」がフレンドリー力を高める

フレンドリー力を最も簡単に向上させる方法は、笑顔を絶やさないことです。大人になると、笑わない人が増えます。子どもは１日４００回笑うけれど、大人は20回ぐらいしか笑わないという研究もあります。

笑顔は「笑うだけで自分自身の幸福度が高まる」という研究もあるほど、大切です。笑顔には周囲との協調性を高める効果もあります。笑顔の人が急に怒りだすことは、まずありません。笑顔の人は周りの人たちを安心させるのです。笑顔を向けることは相手を「物」ではなく、「人間」として見ていると知らせることにもなります。

逆に笑顔でなく、いつもムスッとした顔をしている人は、周りとのコミュニケーションが取りにくくなります。「あの人と話すのは面倒くさい」「嫌われているようで嫌だ」といった気持ちにさせてしまうからです。

職場で人と会ったら微笑む。たとえば朝の挨拶をするとき、笑顔で「おはようございます」と言うのと、ムスッとした顔で言うのでは相手に与える印象はまるで違います。あるいは廊下ですれ違うとき、目が合ったらニコッと微笑む。外国のホテルに泊まったとき、エレベーターで一緒になった外国人から笑顔で「ハロー」などと挨拶された経験はないでしょうか。あのような笑顔のイメージです。

笑うのが苦手な人は、口角を上げるだけでもＯＫです。口角を上げるだけでも笑顔のように見え、自分自身、気持ちが明るくなります。意識して口角を上げているうちに、自然な笑顔もできるようになっていきます。

加えて、相手を尊重することも大事です。そのためには相手の話に耳を傾ける。相手の話を傾聴するのは、相手を人間扱いしているということで、笑顔と同じようにフレンドリー力を高めます。

以下にフレンドリー力を高めるための行動のヒントを紹介します。難易度に応じてレベル1からレベル10までに分けました。幸福度診断でフレンドリー力が低かった人は最初のほうから、高かった人は後半あたりから取り組んでみてください。

【レベル1】
・初対面の人に笑顔で話しかける。
・何かを頼むときに「お願いします」「ありがとうございます」と言う。
・率先してドアを開ける。

【レベル2】
・今日誰かにしてもらった嬉しいことを書き出す。
・人間関係の中で感謝していることを5分間考えてみる。
・寝る前にその日、誰かにしてもらった親切なことを振り返り、どんな気持ちになったかを思い出す。

【レベル3】

郵便はがき

料金受取人払郵便

牛込局承認

8133

差出有効期間
2023年 8 月19
日まで
切手はいりません

162-8790

東京都新宿区矢来町114番地
神楽坂高橋ビル5F

株式会社ビジネス社

愛読者係 行

ご住所 〒 TEL: ( ) FAX: ( )			
フリガナ お名前		年齢	性別 男・女
ご職業	メールアドレスまたはFAX メールまたはFAXによる新刊案内をご希望の方は、ご記入下さい。		
お買い上げ日・書店名 年 月 日 市区町村 書店			

ご購読ありがとうございました。今後の出版企画の参考に
致したいと存じますので、ぜひご意見をお聞かせください。

書籍名

お買い求めの動機

1　書店で見て　　2　新聞広告（紙名　　　　　　　　　）

3　書評・新刊紹介（掲載紙名　　　　　　　　　）

4　知人・同僚のすすめ　　5　上司、先生のすすめ　　6　その他

本書の装幀（カバー），デザインなどに関するご感想

1　洒落ていた　　2　めだっていた　　3　タイトルがよい

4　まあまあ　　5　よくない　　6　その他(　　　　　　　　　)

本書の定価についてご意見をお聞かせください

1　高い　　2　安い　　3　手ごろ　　4　その他(　　　　　　　　　)

本書についてご意見をお聞かせください

どんな出版をご希望ですか（著者、テーマなど）

・上司や友人など、ふだん言わない相手に「いつもありがとう」などとお礼を言う。
・誰かに褒められたら大きな声で「ありがとう」と言う。
・友人や家族など親しい人のよいところを5分間考えてみる。
・一般の人びとが「よい」と思う事柄について、その理由を書き出す。

【レベル４】

・コーヒーやアルコールに使うお金を慈善団体などに寄付する。
・友人や家族を心から褒める。
・親切で愛情深い人を見つけ、動機を尋ねてみる。
・友人にお酒をおごる。
・5分間で自分との約束を守っている人をリストアップする。
・コンビニの店員や飲食店のスタッフなどに優しい言葉をかける。

【レベル５】

・相手の様子を伺い、真剣に耳を傾ける。
・心のこもったプレゼントやカードを贈る。
・友人など身近な人に感謝の気持ちを伝える。
・あまり好きではない人を思い浮かべ、その人のよいところだけ5分間考える。

【レベル6】
・友達に何か手伝えることはないか聞き、見返りを期待せず手伝う。
・知らない人に小さな親切をする。
・相手の性格を純粋に褒め、その人の好きなところを伝える。
・友達に励ましのメールを送る。
【レベル7】
・友人への感謝の気持ちを純粋に伝える。
・誰かにイライラしたとき、その瞬間に少なくとも30秒、その人のよいところを振り返ってみる。
・友人や家族に感謝の気持ちを伝えるカードを贈る。
・ボランティアイベントに参加する。
【レベル8】
・相手の意見に反対のときに相手の立場に立ち、なぜそう思うのか理解しようとしてみる。
・誰かと口論になったとき、相手が謝らなくても自分から謝る。
・誰かのことを悪く考えたくなったら、代わりにその人のことを肯定的に考える。
【レベル9】

・誰かにイライラしたとき、相手の動機は善意と仮定して、自分が相手の立場だったらどう感じるかを考える。
・昔、自分が傷つけられたことを思い出したら、「私は彼を許すことにする。彼はもはや私に何の借りもない」と自分に言い聞かせる。
・辛い思いをしている友人に対し、解決策を提案するのでなく、ただ話を聞く。
・友人に自分のよいところを伝えたり、友人に自分のよいところを聞く。

【レベル10】

・誰かにイライラしたとき、その原因と考えられる状況について30秒考えてみる。

オススメ書籍

クリスティーン・ポラス『ＴｈｉｎｋＣＩＶＩＬＩＴＹ「礼儀正しさ」こそ最強の生存戦略である』（東洋経済新報社）「職場の無礼さ」を20年にわたり研究した著者が「礼儀正しさ」の効果や養い方を解説しています。この礼儀正しさは、フレンドリーカを高める重要な要素です。

BigFive性格傾向③　まじめ力

仕事力と相関が高い「まじめ力」

幸福度を向上させるには、旗を降り続けることが大切です。まじめにコツコツ学び、成長し、やり抜ける人は幸せです。まじめ力が高い人は自己管理ができ、何事もやり抜くことができます。

加えて計画性や勤勉性に富み、責任感が強く、自己規律でき、粘り強く熟慮できる特徴・特性があります。性格傾向の中で仕事力との相関が最も高い項目で、勉強や仕事で大きな成果をあげやすく、長寿の傾向もあります。

秩序だった予測しやすい環境には適応しやすいですが、変化が激しく混沌とした環境はあまり得意ではない面もあります。ジャズ・ミュージシャンのような変化の求められる環境では、まじめ力の低い人のほうが評価されることもあります。

まじめ力は「GRIT（グリット）」と呼ばれる「やり抜く力」と関係の深い項目でもあります。やり抜く力は最近注目されている非認知能力の1つで、情熱を持って高い目標を追求する姿勢です。周囲の人の畏敬の念を引き起こす一方、有益なリスクを冒して最高の人生をつくりたいという意欲を引き出します。

ただし、まじめ力の高い人は興味のないことや、やりたくないこと、誤った道ですらも、まじめに取り組もうとします。そのため自分が本当に求めていることができなかったり、わからなくなったりする危険もあります。まじめ力の高すぎる人は、本当にやりたいことに向かって突き進む「ありのまま力」や「やってみよう力」も高めることで、より幸福度を高められます。

またまじめ力は、１つのことに熱中してまじめ力を発揮できれば、別のことでも発揮しやすい傾向があります。たとえばスポーツ選手として活躍した人は引退後に営業職に移っても、営業で成果を上げられるといった具合です。

企業の新卒採用の面接で、学生時代に力を入れたことを聞くことがありますが、これも学生時代にまじめ力を発揮した人は、仕事でもまじめ力を発揮する可能性が高いからでしょう。

やりたいことを１００個洗い出してみる

まじめ力を高めるには、まずは熱中できることを見つけることです。小さなことでもいいので見つけ、やり抜く。それにより成功体験を持つのです。

熱中できることは「できる、できない」よりも「ワクワクするか、しないか」で考えたほうが見つかりやすくなります。時間のある人は1時間ほどかけて、やりたいことを１０

0個洗い出してみるのもお勧めです。

やり抜く力を持った友人を持つことも、まじめ力の向上につながります。人間は周りの人に影響されやすく、機嫌のいい人と一緒にいると機嫌がよくなり、肥満の人と一緒にいると肥満になるとも言われます。やり抜く力を持つ人が近くにいるだけで、自分自身のまじめ力も高めやすくなります。

まじめ力を高めるにあたって1つ注意したいのが「やりたいこと探し」のワナに陥らないことです。「やりたいことを探す」と言いながら、いつまでも探し続け、行動に移さない人は少なくありません。

それが本当にやりたいことかわからなくても、まずは取り組んでみる。人間は行動すると、だんだんやりたい気持ちが増していきます。

そもそも正確な意味で「本当にやりたいこと」「本当に自分がやるべきこと」を見つけるのは不可能です。仕事1つとっても世の中には無数の仕事があり、すべてを体験することはできません。まずはいま取り組んでいることを「天職」と思って、取り組んでみることです。

行動しだすと楽しくなり、「もっと頑張ろう」という気持ちも湧いてきます。そのうえで、それが天職でないとわかれば、また別のやりたいことをやればいいのです。

いまの仕事を「最終形態」と思わず、とりあえず始めてみることが大事です。行動して小さなことでも成功体験を積めば、いっそう楽しくなり「やり続けよう」という気持ちも起こりやすくなります。

このあたりはなんとかなる力の項で解説している「挑戦力」とも似ています。実際、挑戦力とまじめ力は高い相関があり、挑戦力がある人は挑戦して成功すると、その成功体験により、まじめ力が高まります。まじめ力が高まると、新しいことに挑戦しても、また成功しやすくなります。そんな好循環が働き、どちらも高まっていくのです。

以下、まじめ力を高めるための具体的な行動のヒントをご紹介します。難易度に応じてレベル１からレベル10までに分けています。幸福度診断でまじめ力が低かった人は最初のほうから、高かった人は後半あたりから取り組んでみてください。

【レベル１】
・仕事中はスマホをポケットやカバンの中に入れ、仕事中いっさい見ないようにする。

【レベル２】
・いつもより10分早く準備を始める。
・勉強で生産的であることが自分の将来やキャリアにもたらす利点を、最低５分間考えてみる。
・仕事や趣味、サークルなどで自分を頼りにしている人を書き出してみる。

【レベル3】

・ミーティングや待ち合わせ、その他活動が始まる5分前に到着する。
・洋服を前日の夜に用意しておく。
・メールや添付ファイルを送る前に、一度注意深く校正する。
・日用品など買いたいものに気づいたら、スマホなどにメモする。
・長期的目標と短期的目標を30分かけてリスト化する。

【レベル4】

・仕事や雑用などで先延ばしにしていることを書き出し、なぜ先延ばしにしているか理由を書く。
・食器を使い終わったら、すぐに片づける。
・請求書が届いたら、すぐに支払う。
・朝起きたら、その日に達成したいことをリストアップする。
・ミーティングやイベントに参加する15分前までに、必要なものをカバンに詰めておく。

【レベル5】

・寝る前に翌日のＴｏＤｏリストを作成する。
・カレンダーに1時間だけ勉強する時間を書き込み、実際そのとおりに勉強する。

・自宅や自分の部屋のちょっとしたゴミを片づける。
・友人とのランチやディナーの約束は少なくとも2日前までにする。

【レベル6】
・仕事の提出期限や社会的活動に関する予定をカレンダーに書き込む。
・30分間スマホの電源を切り、気を散らさずに家事や仕事など、目の前の活動だけに集中する。
・仕事や勉強にまつわる重要な用語や概念をカードに書き込み、毎日最低30分、復習する。
・上司や同僚に勉強法や仕事で成功するための方法について相談し、提案されたことを毎日最低30分、実行する。
・最近やった家事や仕事を思い出し、その成果を客観的に評価し、改善すべき点を書き出す。

【レベル7】
・やるべき課題や雑用などを実行する時間をカレンダーなどに書き込み、時間どおりに実行する。
・達成したい短期的または長期的目標のための小さなステップを特定し、実行する。
・約束したことは必ずスマホやカレンダーにメモし、必ず実行する。

・仕事を諦めたくなったら数分間休憩し、散歩などで頭をすっきりさせてから再び仕事に戻り、終わらせる。

【レベル8】

・1時間スマホを切り、気が散らない状態で家事や仕事など生産的活動に集中する。

・自宅や自室を大掃除する。

・毎日の睡眠スケジュールを設定し、定時に就寝・起床する。

【レベル9】

・仕事のミーティング、約束、社会活動などを1日1時間単位でカレンダーに書き込む。

・終えなければならない家事や課題を具体的に特定し、期待されている以上のレベルで完了させる。

【レベル10】

・最近完了したが、もっとうまくできたと思う家事や課題を1つ特定し、より徹底的に完璧なレベルで行う。

・グループプロジェクトやイベントの企画などにボランティアで協力する。

オススメ書籍

アンジェラ・ダックワース『やり抜く力GRIT（グリット）――人生のあらゆる成功を決める「究極の能力」を身につける』（ダイヤモンド社）大きな成果を得るにはIQや優れた資質よりも「情熱」と「粘り強さ」が必要であることを解説、その伸ばし方も記しています。概要が知りたい方はこちらがオススメです。

キャロライン・アダムス・ミラー『実践版GRIT（グリット）やり抜く力を手に入れる』（すばる舎）アメリカの人気パフォーマンスコーチがグリットの伸ばし方をより実践的に記しています。より実践していきたい方はこちらがオススメです。

BigFive性格傾向④　情緒安定力

情緒安定力が高いと他の項目も増幅する

「楽観力」と似ていますが、幸福度を高めるうえで、よりベースとなるのが「情緒安定力」です。挑戦するには、楽観力が大切です。その楽観力を支えているのが情緒安定力で、情緒安定力が高いほどメンタルを崩さず挑戦を続けることができます。

両者は裏表の関係にあり、情緒安定力があれば負の感情をコントロールでき、心が整います。その結果、楽観的に物事を見ることもできるのです。また楽観的に物事を捉えられるから、情緒も乱れにくくなります。

情緒安定力が高い人は、精神的に安定しています。不安、イライラ、衝動などネガティブな感情を抱きにくく、健康的な生活を送りやすいと言われています。チームワーク力とも相関が高く、対人関係や結婚生活で良好な状態を築きやすくなります。

高い情緒安定力は、他の性格傾向の特性（エネルギッシュ力、フレンドリー力、まじめ力、おもしろがり力）を増幅させることもわかっています。情緒安定力が高いとフレンドリーな人はよりフレンドリーに、エネルギッシュな人はよりエネルギッシュになります。情緒安定力が高まるほど物事に動じなくなり，ドキッとする出来事があっても、すぐに平静に戻れます。

一方、情緒安定力が低い人にもメリットがあります。ネガティブな物事に対する感度が高く、小さな危険を見逃しにくくなります。神経科学的には、危険を察知する脳の器官である扁桃体が過敏な状態です。

古来の狩猟採取生活から現代に至るまで、情緒安定力の低い人が危険を察知してくれたから、人類は生き残ることができたのでしょう。ただし情緒は安定していたほうが幸福度が高い傾向にあるので、基本的には高めるようにしてください。

そもそもいま不安に思っていることの大半は、1年後には覚えていません。「不安なことは、だいたい起こらない」とする論文もあるのです。

負の感情に囚われたときは3回の深呼吸を

情緒安定力を高めるには、負の感情とうまくつきあうことが大事です。そのためには「マインドフル瞑想」や「メタ認知」が役立ちます。マインドフル瞑想は、椅子に座って目をつぶり、呼吸にだけ意識を向けるというものです。

途中で意識が呼吸から逸れていることに気づいたら、また呼吸に意識を戻します。大切なのは意識が逸れないことではなく、逸れたらそのことに気づき、戻すことです。最初は30秒から1分、慣れてきたら5分ぐらい行ってください。仕事を始める前や休憩時間に行うと効果的です。

一方メタ認知は、自分自身を客観的に認知することです。客観的に認知することで、自分の負の感情を扱いやすくできます。メタ認知を鍛えるには、主観と客観を分けて考える習慣をつけることです。

たとえば「事実」と「解釈」を分けて考える。いま自分が大問題と感じていることは、実際はたいしたことがない場合もあります。たとえば1年前に「大問題だ！」と思ったことの多くは、いまはたいした問題になっていないはずです。

問題を必要以上に重大なことと解釈しているため、情緒が安定しなくなることも少なくありません。事実と解釈を分離することで解決することもあるのです。

問題を「自分がコントロールできること」と「できないこと」に分けて考えるのも1つです。コントロールできないことは、思い悩んでも解決にはつながりません。「コントロールできることに全力を注ぐ」と考えるだけでも、「すべてを何とかしなければ!」と思っているときより、落ち着いた状態で取り組めます。

たとえば営業売上げが、目標の9割しか達成できていないときです。原因を考えると、市場の急激な変化が関係しているとわかった。市場は自分でコントロールできません。ならば他の部分でフォローする方法を考えるといった具合です。

不安や怒りといった負の感情に流されそうなときは、3回深呼吸をするのも有効です。負の感情に囚われるときは、交感神経が優位になりがちです。深呼吸をすることで、自律神経のバランスを整えることができます。

またモヤモヤした気分のときは、その感情を書き出すことも有効です。スマホでもパソコンでも紙でもいいので、書き出します。書くことにより自分の感情を客観的に見ることができ、感情に振り回されるのを防ぐことができます。

一方で注意したいのが、コーヒーなどのカフェインが入った飲み物やお酒の飲みすぎ、さらにはタバコの吸いすぎです。これらの摂りすぎは精神の安定を阻害することがわかっています。イライラすることや不安なことがあると、お酒やタバコで解消しようとする人も多いですが、むしろ逆効果です。

とくにお酒の場合、飲みながらネガティブな話をすると、その感情が記憶に残りやすく、翌日以降も負の感情に囚われやすくなります。お酒を飲むときはなるべく明るい話や建設的な話を意識してください。

以下、情緒安定力を高めるための行動のヒントを紹介します。難易度に応じてレベル１からレベル10までに分けています。幸福度診断で情緒安定力が低かった人は最初のほうから、高かった人は後半あたりから取り組んでみてください。

【レベル１】

・朝起きたら「私は今日、幸せであることを選びます」と声に出して言う。

【レベル２】

・圧倒されそうになったら、立ち止まって深呼吸を何度もする。

・寝る前にその日に起きたポジティブな出来事を思い出し、それをどのように感じたか書き留める。

・運転中や通勤途中など、日常生活で笑顔を意図的につくる時間を少なくとも１日に５分間設ける。

・親しい友人や家族とハグする。

【レベル3】

・朝起きたら少なくとも5分間、「友人」「家族」「安全な環境」「きれいな空気」など感謝しているものすべてを挙げてみる。

・自分の好きな活動を行う時間を30分確保する。

・よい提案をしてくれたメンバー、友達など、周りの人に感謝の気持ちを伝える。

・寝る前に明日楽しみにしていることを1つ書き出す。

・ヨガ教室に通うか、ユーチューブなどを参考に自宅で10分〜20分ヨガをする。

【レベル4】

・朝起きたら最低5分間の瞑想をする。

・15分以上の運動をする。

・将来に不安を感じたときは、少なくとも2分間、最良のシナリオをイメージしてみる。

・少なくとも5分間、その日の出来事を自分の気持ちも交えて日記に書く。

・ストレスを感じたら少なくとも2分間、同様の状況で過去に成功したケースを振り返る。たとえばスピーチで緊張したら、過去にスピーチで成功したときを思い出す。

・誰かに褒められたら、大きな声で「ありがとうございます」と言う。同時に心の中で「この人は本当にそう思っている」と自分に言い聞かせる。

・友人や家族に電話をして、話を聞く。

・友人とお茶などをしながら自分の人生のよいところと悪いところの両方を正直に話す。

【レベル5】

・自分の人生のよいところをすべて、少なくとも5分間考えてみる。「きれいな空気」「太陽」「友人」など些細なことでもポジティブな面を探して、できるだけ多く挙げるようにする。

・スマホなどを使って少なくとも30分間、「きれいな花」「友人」「快適なベッド」など自分が幸せになるものを写真に撮る。

・少なくとも5分間、「おいしい料理」「静かな川のせせらぎ」「美しい美術品」など、美しいものをゆっくり味わってみる。

・友人と遊んだり、お笑い番組を見るなどして声を出して笑う。

・怒り、悲しみなどネガティブな感情を感じたとき、少なくとも5分かけて、その理由を書き出してみる。

【レベル6】

・30分以上の運動をする。

・1日を通して「今日は空がきれい」「友達に会えてよかった」「ソファの座り心地がよ

かった」など、少なくとも5つのポジティブな事柄に気づき、それらを声に出して言う。

・ポジティブな感情を感じたら、少なくとも2分間、その感情を心の中でじっくり味わう。「自分の部屋が気に入っている」「近所の公園を歩くのが楽しい」など自分が当たり前と思っているポジティブなことを3つ以上挙げ、声に出して言う。

【レベル7】

・45分以上の運動をする。

・ネガティブな思考に気づいたら、そのネガティブな思考を認めつつ「せっかくの週末が雨で嫌だが、逆に家でゆっくりと週末を過ごせる」など、その事柄についてポジティブな思考を3つ考える。

・やってみたい楽しいことを3つ挙げ、そのうちの1つを実際に行ってみる。

・誰かに腹を立てたとき、少なくとも2分間、その人のよいところを考えてみる。

【レベル8】

・ネガティブなことを考えたら、それを書き留め、少なくとも2分間はそのネガティブな考えを否定する考えを書いてみる。

【レベル9】

・誰かに腹を立てたり傷つけられたときは、その人の行動の原因について少なくとも1

分間、考えてみる。
・友人や家族と、同じ趣味や目標を持つ人たちのサークルに入るなど、社会的つながりをつくる。

【レベル10】
・過去に自分を傷つけた人を思い浮かべ、その人を許すことを選択する。

オススメ書籍

荻野淳也『心のざわざわ・イライラを消すがんばりすぎない休み方　すき間時間で始めるマインドフルネス』（文響社）ハーバードやスタンフォードでも大人気のマインドフルネスを解説。生活にマインドフルネスを取り入れる方法がたくさん学べます。少しずつでも取り入れられると、情緒の安定につながります。

イーサン・クロス『Ｃｈａｔｔｅｒ（チャッター）「頭の中のひとりごと」をコントロールし、最良の行動を導くための26の方法』（東洋経済新報社）最先端の心理学・神経科学に基づき、集中力や判断力、創造力が高まる方法を紹介しています。頭の中のひとりごとが情緒を不安定にさせている原因の１つです。このひとりごとを、どう取り扱っていくかを学べます。

BigFive性格傾向⑤　おもしろがり力

まずは書店に行き、店内を全部見て回る

仕事でも日常生活でも好奇心旺盛で、物事をおもしろがれる人は幸せです。おもしろがり力が高い人は、新しい考えや人間関係、環境を受け入れやすく、クリエイティビティが高い傾向にあります。

またおもしろがり力が高いと積極的にさまざまな経験をするようになります。トラブルも含めて、いろいろな経験ができ、より豊かな人生を味わえます。

おもしろがり力を高めるには、興味があることをどんどん増やしていくことです。そのためには大きく2つ、まったく未知のことを知りおもしろがって深掘りしていく方法と、いま取り組んでいることをおもしろがってドンドン深掘りしていく方法があります。

未知のことをおもしろがるために、好奇心の赴くまま、いろいろ探してはどうでしょう。まずお勧めしたいのが書店に行き、店内を全部見て回ることです。

多くの人は書店に行っても、自分が興味あるコーナーにしか行きません。もったいない話で、書店には好奇心を刺激する、さまざまなジャンルの本が置かれています。興味のあるなしに関わらず、とにかく全エリアを回ってみてください。タイトルを見るだけでも、

心に引っかかる本が見つかるはずです。それを手に取って興味が持てるようなら、そのジャンルを深掘りしてみてはどうでしょう。

現代はネットで情報を得るのが当たり前ですが、ネット検索はその人の興味に最適化された情報ばかり出てきます。興味あるテーマの深掘りはできても、未知のジャンルには、なかなか出会えません。ぜひ書店をおもしろがり力を高める場として活用してください。

また、ふだんの生活の中で不思議に思うことを放置せず、調べてみるのも１つです。たとえば「空はなぜ青いんだろう」、ふとそう思ったとき、ちょっと調べてみる。

もしくは、これまで経験したことがない新しいことにチャレンジするのもお勧めです。これまで興味を持たなかったイベントに参加してみる、新しい習い事をしてみる。とくに、周りの友人の趣味に乗っかるという方法もお勧めです。これならば、そのおもしろさを友人から聞くこともできますし、取り組むにあたって、つながりも増していくでしょう。

いま取り組んでいることをおもしろがってドンドン深掘りしていく方法では、たとえば人事部で働いているなら、人事部で働く人の本を読んでみる。他社の人事の様子を知ることで、自分の仕事を改めて見直す機会になり、仕事がよりおもしろくなるでしょう。

どんなことであれ、前提となる知識があったほうが物事はおもしろくなります。知るだけでもおもしろく、知った知識を仕事や生活の中で活かすことができれば、さらにおもしろくなります。そうすることで、おもしろがり力はどんどん高まっていきます。

そして「おもしろい」と思ったことを周りの人たちに話すのもお勧めです。それがいかにおもしろいかを熱く語ってみる。相手に伝えようとすることを通じて、自分の中のおもしろがり力をより高めることができます。

以下に、おもしろがり力を高めるための行動のヒントを紹介します。難易度に応じてレベル1からレベル10までに分けています。幸福度診断でおもしろがり力が低かった人は最初のほうから、高かった人は後半あたりから取り組んでみてください。


【レベル1】
・外国に関するニュースを読む。
・最近の科学的発見や技術に関するニュースを読む。
【レベル2】
・いままで見たことのないジャンルの映画を見る。
・いままで見たことのない新番組を見る。
・新しいラジオ番組やポッドキャストを聞く。
・人生の目標や価値観を5分間で振り返る。
【レベル3】

・好きな飲食店で食べたことのないメニューに挑戦してみる。
・美術館や博物館を見学する。
・自分とは異なる政治信条に関するニュースを読む。
・もしタイムトラベルができたら、どこに行って何をするか5分間想像してみる。
・もし空を飛べたらどうするか、5分間想像してみる。
・少なくとも5分間、瞑想する。

【レベル4】

・行ったことのない飲食店に行ってみる。
・目を閉じて好きな曲を聴き、その曲のどこが好きか、どんな感情を抱くかを数分間振り返る。
・「プラスチックは何でできているのか」など、日常生活の中で答えを知らないことについて質問を書き出す。
・アートを売っている店に行き、好きなアート作品を見つけ、どこが好きか、どんな気持ちになるかを考えてみる。
・ライブハウスに行って音楽イベントに参加する。
・「人生の意味とは何か」など、少なくとも5分間、哲学的なテーマについて考える。

【レベル5】

・「石鹸の仕組み」など日常生活で気になることを見つけ、ネットで答えを探す。
・行ってみたい場所や、そこでやってみたいことを5分間想像する。
・小説やノンフィクションを30分以上読む。
・絵を描くなど、アート活動を少なくとも20分行う。
・いままで行ったことのない街に行く。
・新しい食べ物やイベントなどに挑戦し、寝る前に5分間、その体験で気に入ったことをすべて振り返る。
・寝る前に今日気づいた美しさについて考える。花や建物など物理的な美しさだけでなく、友情など抽象的な美しさについても考える。

【レベル6】

・出来事ではなく、自分の感情についてのみ、5分間日記を書く。
・政治や外国に関するニュースを読んで友人に話し、感想を聞く。
・写真撮影に出掛け、美しいと思った自然物や人工物を撮る。
・最近新しく学んだことについて数分間振り返り、そのテーマについての質問を少なくとも2つ考える。
・「日焼け止めはなぜ効くのか」など日常生活で疑問に思うことを挙げ、ネットなどで調べる前に少なくとも5分間、自分なりの答えを考える。

【レベル7】

・友人に、人生の意義は何だと思うか質問し、議論してみる。
・興味あるテーマを決め、そのテーマに関する講演会に行く。
・よく知らない話題について詳しい友人を見つけ、その事柄について質問し、学ぶ。
・地域のイベントカレンダーを見て、新しいイベントに参加する。
・友人と「幸せとはなにか」など哲学的なテーマを話し合い、自分の信念の理由を考察する。
・嫌いな曲や芸術作品を探し、その曲や作品のよいところを数分間考えてみる。

【レベル8】

・友人や家族の人生に関する質問をし、その答えを素直に理解しようとする。
・異文化の友人や知人を見つけ、その国の文化について質問し、理解を深める。

【レベル9】

・政治、宗教、趣味などで自分と異なる意見の人を見つけ、その人の意見を理解する。
・論争の的になっている事柄について、他の立場の人の意見を理解しようとする。

【レベル10】

・議論を呼びそうな話題について自分の意見を考え、少なくとも5分間、反対意見の人の正当性についても考えてみる。
・話題になっている事柄について、友人の意見を聞いてみる。

オススメ書籍

イアン・レズリー『子どもは40000回質問する　あなたの人生を創る「好奇心」の驚くべき力』（光文社）　子育て向けの本かと思いきや、好奇心についての全体像が学べる本です。好奇心がある人とない人では、これから格差が広がっていくというシビアな内容も語られています。

幸福度を高める11のカテゴリー 7

健康力

客観的健康力ではなく「主観的健康力」が重要

健康な人は幸せです。なかでも主観的に「自分は健康」だと考えている人は幸せです。

実際、健康診断の数値などと関係なく、「自分は健康」だと思っている人のほうが幸福度が高い傾向にあります。極端な話、入院生活を送っていても「自分は健康」だと思っている人は、「いつも調子が悪い」とグチッている人より主観的には健康で、幸せなのです。

幸福度診断の「健康力」も、客観的健康力ではなく「主観的健康力」から成ります。以下、主観的健康力について解説します。

健康力　主観的健康力

健康に大切なのは、睡眠、運動、食事

「自分は健康」と感じられるうえで、最も基本となるのは「睡眠」「運動」「食事」です。なかでも大事なのが睡眠です。十分な睡眠時間をとっていれば、業務時間が多少増えても鬱病になりづらいといった研究もあります。まずは１日７時間寝るようにしてみてください。心身の健康や、記憶の定着、精神面の安定、死亡リスクの低下、幸福度の向上など、７時間寝ることのメリットは挙げればきりがありません。

また運動は、情緒安定力をはじめ、さまざまな幸福度を高める項目とも関係しているので、日々行うことが大切です。幸せだけでなく、「脳を鍛えるには運動しかない！」という本が出版されているほど、仕事のパフォーマンスにも好影響を与えます。時間のない人は「軽くラジオ体操をしてみる」「通勤時に早足で歩く」「一駅前で降りて歩く距離を増やす」といったことでも十分です。

幸せという観点で推奨される運動として「リズム感のある運動」「太陽を浴びる運動」「人とのつながりづくりにつながる運動」「筋トレなど進歩を感じやすい運動」「自然を感じる運動」などがありますが、それほどこだわる必要はありません。運動習慣を楽しみながら身につけていってください。

食事については、現代はいろいろな人がいろいろなことを言っています。正直、睡眠や運動よりも、統一見解が少ない領域です。「バランスよく食べることが大事」「○○を食べると健康になる」「△△を食べてはいけない」といった具合で、何を信じればいいか迷う人もいるでしょうが、基本的に「自分にはこの食べ方が合っている」と思える食べ方で十分です。

インドには、レンガだけを食べていても健康な人もいるそうです。特殊な体質の持ち主かもしれませんが、要は幸せでいるための食生活は人それぞれということです。

シンプルに、「体にいい」と言われる食生活をしたり、食品を摂ってみるのも1つです。幸せには客観的な健康よりも主観的な健康のほうが効いてきますから、「健康にいい食生活をしている」と思うだけで、幸福度は高まっていきます。

また睡眠、運動、食事以外では、自分の状態を感じる時間をとることをお勧めします。自分の体で調子のよいところはどこか、よくないところはどこか。ふだんから自分の体に意識を向けることも、主観的健康力を高めることになります。

幸福度を高める11のカテゴリー ８

ストレスの低さ

ストレスが低いほど幸福度は高くなる

ストレスが低い人は幸せです。とはいえストレスがゼロならよいかというと、そうではありません。やらされ感でストレスを受けるのは体に毒ですが、自らチャレンジすることで受けるストレスは、力になるという研究もあります。

チャレンジには失敗がつきものなので、当然プレッシャーがかかります。これがストレスにもなりますが、成功すれば大きな喜びに変わります。ストレスでつらい思いをする以上の見返りがあり、これは幸福につながります。

チャレンジ意欲の旺盛な人には、あえて困難を引き受け、それを乗り越えることに快感を抱くタイプもいます。ただこれもあくまで自分で判断した場合で、「やらされ感」がある場合は、なかなか幸福にはつながりません。

またチャレンジ意欲の旺盛な人に注意していただきたいのは、たとえ自らチャレンジして受けたストレスだとしても、長期的に継続してストレスがかかるとバーンアウトにつながりやすいということです。

いずれにせよストレスは、総じて低いほど幸福度が低くなります。ストレスを減らしたり、避けたりする方向で考えたほうがいいでしょう。

以下、ストレスを低くする方法を解説します。

ストレスの低さ

理想は8種類のストレス解消法をすべて持っておくこと

ストレスを減らす方法には、大きく4種類あります。
①対処：ストレスの発生原因を解消する。
②回避：ストレスの原因になるものを避ける。
③防御：ストレスを受けても耐えられる力をつける。
④回復：ストレス解消法を持つ。
このうち①「対処」と②「回避」は自分では対応できないケースもあり、基本的に③と④について考えることが大切です。③「防御」は英語で「レジリエンス」と呼ばれるもので、「回復力」や「しなやかさ」を指します。近年レジリエンスの高め方を紹介した本も

増えているので、詳しく知りたい方はこちらを参考にしてください。

4つの中で最も即効性があるのが④「ストレス解消法を持つ」ですが、持っていない人も少なくありません。ストレスを解消できないまま日々新たなストレスを受け続けるので、幸福度がどんどん下がっていきます。

ストレス解消法は大きく2種類に分かれ、1つはストレスに近づき乗り越えていく「接近型」、もう1つはストレスと距離をとる「回避型」です。それぞれ以下のように4つずつ、計8種類あります。

〔接近型〕

①計画立案：切り換えて、次の計画行動を考える。

②肯定的思考：現状のよいところに目を向ける。

③情報収集：つらさを乗り切るための情報を集める。

④気持ちの解放：いま思っていることを吐き出す。

〔回避型〕

⑤放棄・諦め：囚われていることを手離す。

⑥回避的思考：少しだけ逃げ出す。

⑦責任転嫁：うまくいかない理由を自分以外のせいにする。

⑧気晴らし：散歩や軽い運動などで気分転換する。

理想はこれら8種類をすべて、ストレス解消法として持っておくことです。ストレスにさらされたとき、最もふさわしい対処法で回復させることができます。

ただしストレスがさほどでもないときは、できるだけ接近型で対処することを考えてください。たとえば仕事がストレスになっているとき、少し休憩して散歩をすれば一時的なストレス解消にはなります。とはいえ本質的にストレスの原因をなくすことにはならないので、これだけを長期間続けると、逆に幸福度が下がる危険があります。

どうしてもつらいときは、ひとまず回避型で逃げてストレスを緩和し、少しダメージが回復したら、接近型で根本原因を解消する。回避型を行うときは、できれば制限時間を設け、時間が来たら接近型でストレス解消を試みるようにしてください。

またストレスの特性に「うつる」ことがあります。ストレスの多い人と一緒にいると、自分までストレスを感じるようになります。そのため、周りのストレスを解消することができれば、自分のストレスも改善されます。ちょっとストレスを感じていそうな人が周りにいたら、本節の内容を共有する、一緒にストレス解消するなどの行動をとってみても良いでしょう。

オススメ書籍

ケリー・マクゴニガル『スタンフォードのストレスを力に変える教科書』（だいわ文

庫）　スタンフォード大学の人気講義を書籍化したものです。最新科学をもとにストレスを悪いものではなく、良いものにしていく具体的な手法が満載です。

久世浩司『世界のエリートがIQ・学歴よりも重視！「レジリエンス」の鍛え方』（実業之日本社）　ビジネスエリートが持っている心理的たくましさである「レジリエンス」とは何かを解説し、レジリエンスを鍛える7つの方法を紹介しています。

鈴木祐『超ストレス解消法　イライラが一瞬で消える100の科学的メソッド』（鉄人社）　さまざまな研究機関で実証された研究にもとづき、短時間で手軽にできる100のストレス解消法を紹介しています。多くのストレス解消法が載っているので、ストレス解消法を持ちたい方にオススメです。

幸福度を高める11のカテゴリー 9

社会の幸せ力

家の中で寛げることが、幸せのもと

幸福度を高めるうえで、家庭や地域などが安心安全と思える人は幸せです。朝起きたと

きや家を出て職場に向かうとき、緊張を強いられる環境では1日の活力がみなぎりません。また疲れて帰ったとき、家の中で寛げないのでは精神が落ち着きません。そもそも帰るのが嫌になります。

逆に家族や地域との関わりが楽しいと思えれば、幸せな毎日が過ごせます。以下、「信頼関係のある家庭」と「信頼関係のある地域」について解説していきます。

社会の幸せ力① 信頼関係のある家庭

家庭で話をする時間を毎日1時間程度取る

信頼関係のある家庭は幸せの基本です。信頼関係のある家庭を築くには、お互いの信頼関係構築力をベースに、毎日のコミュニケーションを重ねることが大事になります。話をする時間を毎日1時間程度取ると、家庭の幸福度が高まることが知られています。一方で家庭が荒れると、仕事のパフォーマンスも大きく落ちると言われています。仕事のパフォーマンスを上げるうえでも、家族とのコミュニケーションの時間を取ることは大事です。

1時間が無理なら、朝食と夕食時、寝る前に20分ずつなど、細切れでもいいので対話の時間をもつようにしてください。このとき大事なのは議論をしないことですが、男性は問題解決を求めて議論をしがちです。

たとえば奥さんが子どもの話をしたとき、「もっとこうしたらいいんじゃないか」などと言う。善意からのアドバイスのつもりでも、奥さんは解決策など求めておらず、ただ話を聞いてほしいだけということがよくあります。

仕事の話も同じです。奥さんが仕事の愚痴を言うのは、解決策を求めているのではなく、ただ聞いてほしいだけかもしれません。

まずは口出しせず、相手の言うことをじっと聞く。それだけで奥さんの幸福度は高まり、ひいては夫の幸福度も高まります。なお、夫の幸福度は、奥さんの幸福度によって決まる、という調査もあります。

なかなかコミュニケーションの時間が取れない人は、まずは家族への感謝の気持ちを伝えてみましょう。朝の挨拶をきちんとする。スマホなどを見ながらではなく、相手の顔を見て話す。これだけで信頼度が深まり、自然なコミュニケーションも取りやすくなります。

オススメ書籍

ジョン・M・ゴットマン他『結婚生活を成功させる七つの原則』（第三文明社）アメリカの心理学者が６５０組の夫婦を14年間追跡調査した結果をもとに、夫婦関係を改善・強化する方法を紹介しています。

ゲーリー・チャップマン『愛を伝える5つの方法』（いのちのことば社）アメリカのベテラン結婚カウンセラーが、思いを確実に伝えるコミュニケーションの取り方を語っています。5つの〝愛の言葉〟確認テスト付き。

社会の幸せ力② 信頼関係のある地域

地域のボランティア活動やお祭りへの参加を

信頼関係のある地域に住む人は幸せです。現代は昔に比べて地域の人たちとの交流が減っていますが、近所づきあいが活発な人は幸福度が高いという測定結果も出ています。

慶應大学の前野隆司教授と神奈川県寒川町が2019年に行った調査によると、

①日常的に近所づきあいがある

②挨拶程度の近所づきあいがある

③とくに近所づきあいはない

の3グループでは、幸福度の高さが①>②>③でした。やはり近所づきあいは幸福度を高めるのです。ハーバード大学のニコラス・クリスタキス教授の研究でも、「幸せはとくに近場からうつる」と報告しています。

たとえば地域のボランティア活動やお祭りなどに参加する人は、幸福度が高い傾向にあります。こうした活動は面倒で、むしろストレスになると思う人もいますが、じつは逆なのです。学校のＰＴＡ活動も、いざ役員になると親同士のつながりができ、〝ママ友〟〝パパ友〟同士の交流を楽しんでいる人も大勢います。

その意味で子どもがいると地域のコミュニティに入りやすいですが、いない人は地域でボランティア活動をしたり、習い事をすることでコミュニティに入りやすくなります。探してみると、ヨガやジム、スポーツ教室、楽器教室など、実は地域のコミュニティはたくさんあります。

社会学に「弱い紐帯」という言葉があります。家族や職場仲間といった強いつながりではなく、「ちょっとした知り合い」程度のつながりです。弱い紐帯を多数持っていると幸福度が高まり、メンタルも強くなると言われています。弱い紐帯の１つに地域のコミュニティがあると、より安心安全感が高まるのです。

地域にちょっとした知り合いがいれば、日頃から挨拶する機会も増え、これだけでも心の安心につながります。災害が起きたときも、近くに知人がいると思うだけで心強いものがあります。

なお、ボランティアグループや地域のサークルに入るのはハードルが高いと感じる人は、とりあえず「近所の人に会ったら挨拶する」「ちょっとした話をする」といったところから始めてはどうでしょう。あるいは近所をウォーキングして、すれ違う人に挨拶する。これだけで近所に顔なじみが少しずつ増えていきます。

また近所の飲み屋に行って、店主に話しかけるのもお勧めです。地域のいろいろな情報を聞けたり、常連さんを紹介してくれるかもしれません。そこからまた新しいつながりも生まれやすくなります。

幸福度を高める11のカテゴリー 10

職場の幸せ力

「4つの因子」が高い職場ほど「職場の幸せ力」が高い

職場の幸せ力は「安心安全な風土」「信頼関係のある職場の雰囲気」「チャレンジを推奨する雰囲気」「職場オススメ度」で決まります。安心安全な風土は、幸福度を高める4つの因子のうち「なんとかなる力」や「ありのまま力」、信頼関係のある職場の雰囲気は「ありがとう力」、チャレンジを推奨する雰囲気は「やってみよう力」と大きく関係するためです。これら3つが満たされている職場ほど、職場オススメ度も高まることになります。

職場の幸せ力を個人の努力で高めていくのは、他の項目に比べると少し難易度が高い部分がありますが、自分からそのような雰囲気をつくっていきましょう。

以下、それぞれの項目について解説していきます。

職場の幸せ力①　職場の安心安全な風土

グーグルが調査した心理的安全性の高いチームの特徴

「ありのまま」でいられ、「なんとかなる」と思える職場は、安心安全で幸せです。職場での心理的安全性が担保されていると、幸せに働くことができます。

心理的安全性とは「チームの中でミスをしても、それを理由に非難されることはない」と思えるような状態のことです。グーグルのリサーチチームによると、効率が高いチームに最も重要な要素が心理的安全性でした。心理的安全性の高いチームのメンバーは「離職率が低く」「他のチームメンバーが発案した多様なアイデアをうまく利用でき」「収益性が高く」、マネージャーから「効果的に、働きを評価される機会が2倍多い」という特徴が見られました。

働く人のメンタルとしては、もちろんすべての関わりの中で安心安全が保たれていることがベストですが、少なくとも1つは安心安全な関わりが担保されていることが大切です。まずは同期との関係でも所属する部署でもいいので、安心安全な環境をつくりましょう。

職場の安心安全な風土を考えるとき、大きな影響を持つのはリーダーの存在です。リーダーが安心安全な風土を脅かす存在であれば、安心安全な風土を保つのは難しくなります。とはいえリーダーを変えることはできないので、１人１人の「ありのまま力」や「なんとかなる力」を高めることも大事です。

自分がリーダーの場合は、チームのメンバーに安心安全な風土を感じてもらうことが大切になります。「セキュアベース・リーダーシップ（安心をつくるリーダーシップ）」と呼ばれるものがあり、９つの要素から成っています。

①冷静でいる。
②メンバーを人として受け入れる。
③可能性を見通す。
④傾聴し、質問する。
⑤力強いメッセージを発信する。
⑥プラス面にフォーカスする。
⑦リスクをとるよう促す。
⑧内面的動機で動かす。

⑨「いつでも話せる」雰囲気をつくる。

思いやりと挑戦の要素が含まれる、幸せの４つの因子に近しい項目ばかりです。すべてを備えたリーダーのいるチームは、幸福度が極めて高くなります。実際には「話は聞くけれど力強いメッセージを発信するのが苦手」とか「メッセージを発信するけれど、つねに冷静でいるのが苦手」など、すべてを併せ持つリーダーはなかなかいません。ぜひ、自分に不足している項目を埋めていくことを目指してください。

オススメ書籍

石井遼介『心理的安全性のつくりかた』（日本能率協会マネジメントセンター）心理的安全性の重要さに着目し、個性を輝かせ、自分たちで学び、成長するチームをつくる考え方やノウハウを紹介しています。

ジョージ・コーリーザー他『セキュアベース・リーダーシップ――〈思いやり〉と〈挑戦〉で限界を超えさせる』（プレジデント社）スイスの名門ビジネススクールＩＭＤで使われている、思いやりと挑戦を両立させるセキュアベース・リーダーシップの本です。

職場の幸せ力② 信頼関係のある職場の雰囲気

職場の人たちと「人」としてつきあう

お互いに信じ合える職場は幸せです。「ありがとう」に満ちあふれた信頼関係のある職場では幸せに働くことができ、生産性も向上します。

信頼関係のベースとなるのは職場の人間関係です。一緒に働く人たちと「人」としてつきあっているでしょうか。合理主義を徹底すると、人を機械のように扱ってしまいがちです。そのような従来の合理性のみを追い求めた職場では、１人１人の幸福度が下がるばかりか、パフォーマンスも下がることが知られています。

職場に信頼できる友人がいると、熱意をもって成果を出せる可能性が12倍に高まるという報告があります。責任感が向上し、体調もよくなり、メンタルも安定し、転職者も減るという研究結果もあります。

信頼関係のある職場をつくるには、相手のことを知る機会や、お互いを認め合う機会を設けることも大事です。たとえば以下のようなものです。

・飴を渡すなどして、少し雑談をする。
・メンバーの誕生日や記念日を祝う。

・定期的に飲み会やランチ会を開催する。
・社内の部活動に一緒に参加する。
・チーム内で旅行する。

最初はハードルが高いと思えることでも、少しずつ行うことで信頼関係が生まれてきます。信頼関係が高まってくれば、これらは自然に行えるようになっていきます。そのような職場は間違いなく幸せな職場になります。

同じ部署だけでなく、同期入社の人たちなど、部署外でも信頼を持てる人がいれば幸福度はより高まりやすくなります。

新卒入社の人たちも3年ぐらい経つと、つながりが希薄になりがちです。「同期で集う会」のようなものをつくり、つながりを強める機会を設けてはいかがでしょう。中途入社の人たちも、同時期に入った人たちで同様の会を設けてはいかがでしょう。

信頼関係のある職場をつくる「オキシトシン」

職場における信頼の文化を築く言葉に「オキシトシン（Oxytocin）」があります。もともとは脳の視床下部で合成されるホルモンの名前で、女性の妊娠・出産や授乳時に分泌量が変わることから「愛情ホルモン」とも呼ばれています。

それぞれのアルファベットから「称賛（Ovation）」「期待（Expectatio

n）」「委任（Yield）」「委譲（Transfer）」「オープン化（Openness）」「思いやり（Caring）」「（人への）投資（Invest）」「自然体（National）」を指します。

このうちメンバー1人1人に求められるのは「称賛」「思いやり」「自然体」です。日頃からメンバーを褒め、思いやりを持ち、自分自身が自然体でいるといったことを実践する職場では信頼関係が高まっていきます。

一方リーダーに求められるのは「期待」「委任」「委譲」「オープン化」「（人への）投資」です。これはリーダーが新しいチャレンジを推奨する職場は、信頼関係が高まりやすいということでもあります。

信頼のホルモンでもあるオキシトシンは、男性ホルモンの代表であるテストステロンの分泌が多すぎると出にくくなるとも言われています。テストステロンは、競争を奨励する環境で出やすくなります。つまり厳しい営業ノルマを課し、それぞれの成績を棒グラフで示して競争心をあおる職場では、オキシトシンは出にくくなるのです。協力したり、信頼関係を築いたりするのが難しく、個人プレーに走るようになります。

このオキシトシンとテストステロンのバランスをうまくとっている会社が、京セラです。京セラの掲げるアメーバ経営は、組織を「アメーバ」と呼ばれる小さな集団に分け、それぞれに採算性を追求させるものです。これだけでは当事者意識が持ちやすくなる反面、会社の利益より自分たちを優先させる、行きすぎた競争を招きかねません。

そこで「人間としては何が正しいか」「敬天愛人」といったオキシトシン型のフィロソフィを持ち込み、バランスとっているのです。

オススメ書籍

ポール・J・ザック『TRUST FACTOR トラスト・ファクター 最強の組織をつくる新しいマネジメント』（キノブックス）　オキシトシンと信頼の関係を解明した科学者チームの一員である著者が、社員の生産性を高め、企業の競争力をつける組織や働き方を解説しています。

職場の幸せ力③　チャレンジを推奨する雰囲気

リーダーに求められる3つの言動

「やってみよう」という気持ちが推奨され、みんなでチャレンジする職場は幸せです。チャレンジするには個人の「やってみよう力」や「なんとかなる力」が高いことも大事ですが、それを醸成する職場の雰囲気も大切です。

新規事業のような大きなチャレンジに限らず、ちょっとした業務改善も同じです。たとえば工場で、「こうすればミスが少なくできる」といった提案をしやすい雰囲気がある職場は、働く人たちの幸福度が高くなります。

職場の雰囲気を大きく左右するのが、リーダーの言動です。具体的には、以下の3つが求められます。①仕組みづくり、②働きかけ・推奨、③背中で見せる、です。①の「仕組みづくり」では、チャレンジしやすい仕組みづくりに加え、失敗しても安心安全な環境を整えることが大事です。

近年、新規事業コンテストで優勝した社員に新規事業の立ち上げを認めるなど、チャレンジを推奨する企業が増えています。それ自体は好ましいことですが、もう1つ大事なのが、チャレンジして失敗したときのことです。

失敗したらもう出世できないというのでは、チャレンジする風土は生まれません。ある企業では、新規事業を始めたい人に1000万円を渡し、お金が尽きるまでチャレンジできます。失敗してもとくにお咎めはなく、またもとの職場に戻れます。その後、新たにチャレンジすることも可能です。失敗しても、会社として大きな損害を出さない仕組みで、みんなの安心安全を担保することができます。

「挑戦」と「安心安全」はセットです。失敗しても大丈夫という仕組みがあって初めて、安心して挑戦できるのです。逆に言うとリーダーが言ってはならないのが「何かあったら責任取れるのか」です。この言葉は「安心安全」をなくし、「挑戦」を叩き潰す魔法の言葉です。
②の「働きかけ・推奨」は、チャレンジしたい気持ちを引き出し、後押しすることです。たとえば「20％ルール」を設け、業務時間の20％は各自のやりたいプロジェクトにあてるような会社があります。チャレンジするための時間を推奨するための仕組みです。
同時にバックアップする姿勢を見せることも大事です。実務面はもちろん、相談にのったりサポートをするといった精神的サポートも大事です。
③の「背中を見せる」は、チャレンジを推奨する雰囲気をつくるには最も効果的です。繰り返しますが、リーダーが働きかけてもチャレンジしようとしないチームは、多くでリーダー自身がチャレンジをしていません。リーダーが新しいことに挑戦しているチームは、メンバーたちも引っ張られて挑戦しようと思うようになるのです。
ただし①②③のすべてを行っても、全員がチャレンジ意欲を持つようになるとは限りません。たとえば10人のチームで、２、３人は意欲を見せないということもあります。それでも何かのきっかけで、「チャレンジしたい」と思うかもしれません。大事なのは、そのときにチャレンジを推奨する雰囲気があることです。

また、このような人には「１on１形式で話を聞いてみる」「年度目標を本人に決めてもらう」など、別のアプローチを試みるのも１つです。挑戦力や成長意欲は「なんとかなる力」や「やってみよう力」の１つですから、これらを高めるような働きかけは本人の幸福度を高めることにもなります。挑戦力や成長意欲の項目も参考にしてみてください。

職場の幸せ力④　職場オススメ度

自分の仕事に意義を感じることで「職場オススメ度」は高まる

人に勧めたくなる職場で働く人は幸せです。給料や福利厚生といった外的要因だけでなく、「社内に笑顔が多い」など幸福度を高める要素を多く持っていることも大事です。

職場オススメ度が高い職場は離職率が低く、推薦採用が増え、生産性が高まり、顧客満足度が高くなることが知られています。職場オススメ度は、従業員と企業の信頼関係の深さを数値化する「エンゲージメント指標」としても使われています。

職場オススメ度が向上するためには「安心安全な風土」や「チャレンジの推奨」なども大事ですが、自分の仕事に意義を感じることも大切です。自分たちの仕事がお客様にどんな貢献をして、どのように幸福にしているかを考えてみてください。

近年では仕事内容が細分化され、誰を幸せにする仕事なのかわからなくなる場合も多いので、大企業ではとくに必要な取り組みです。

会社のビジョンやミッションも、考えるうえでのヒントになります。会社の設立理由、長期的にはどのような未来をつくろうとしているのか、そのために何をしているのか。経営者から直接聞くのがベストですが、無理でも社内報などから知ることはできます。

また〝やらされ感〟を持っている人は、なかなか人に勧めようとはなりません。幸福度診断の「挑戦力」や「成長意欲」などを高めていくことで、職場オススメ度も高まりやすくなります。

アイドルやアニメなど〝推し〟を持っている人は幸せです。職場も〝推す〟という発想で、よいところを探してはどうでしょう。人間は、よいところを探そうと思えば、必ず見つけることができます。逆に悪いところを探そうとすれば、悪いところばかり見つかります。

よいところを探すために、同僚と語り合うのも1つです。職場の良さや、推しポイントを語り合うことで、気づかなかったよいところも見つかるかもしれません。

幸福度を高める11のカテゴリー 11

地位財

大事なのは現状に満足しているかどうか

地位財は「収入力」「財産力」「社会的地位」「実績」から成ります。いずれも多かったり高いほうが幸せだと思いがちですが、実際の金額と幸福度の相関は大きくありません。それ以上に重要なのは、地位財を日々の生活でいかにうまく使い、満足しているかです。収入1つとっても、多ければその分、仕事が忙しいなど、ストレスの原因にもなります。「もっと稼ぎたい」と頑張ることも大事ですが、現在の収入でいかに幸福になるかといった発想も重要です。

以下、各項目について解説していきます。

地位財①　収入力

収入を幸福につなげるうえで大事なのは「足るを知る」

現在の収入に満足している人は幸せです。ノーベル経済学賞を受賞したダニエル・カーネマンの研究によると、世帯年収7万5000ドル（約800万円）までは収入が上がるとともに幸福（ポジティブ感情）も向上しますが、それ以上だと収入が上がっても幸福との相関はなくなるそうです。

また、収入以上に幸せに効いてくる項目のほうが多いのです。この幸福度診断でも「収入力（収入への満足度）」の幸福度への影響は、34項目中24番目です。実際の金額ベースではさらに影響が落ちます。幸福度を高めるには、収入以上に大切なことがたくさんあるのです。

いまの収入に満足してしまうと、向上心が失われるという人もいますが、そんなことはありません。「足らない」という感情に囚われるのではなく、自分がワクワクする夢に突き進んでいけばいいのです。

自分を動かすエネルギーが「足らない」だと、いつまで経っても心は満たされません。「満ち足りている」と実感するまで「足らない」をエネルギーにして頑張るのもいいですが、それがすべてではないということです。

老子の「足るを知る」という言葉は有名ですが、その後に「努めて行う者は志有り」と続きます。足るを知った上で、志を持って努力するということです。是非、足るを知ったうえで、志をもって突き進んでいきましょう。

また、これに関連して「漁師とＭＢＡ」という有名な逸話があります。

メキシコに漁師がいて、午前中だけ仕事をして、午後は子どもと過ごしたりお酒を飲んだりして、楽しく暮らしていました。そこへＭＢＡ（経営学修士）を取得したアメリカ人コンサルタントがやって来て、「ここで獲れる魚は素晴しい。もっと船を増やし工場も建てて事業化すれば、いまよりずっと稼げるようになる」と提案したのです。

漁師は次のような質問をしました。「稼げるようになったら暮らしはどうなるのか」。コンサルタントが「午前中だけ働き、午後は子どもたちと過ごしたり、お酒を飲んだりして楽しく過ごせばいい」と言うと、「それなら、いまの暮らしと同じだ」と答えたというのです。

コンサルタントよりも漁師のほうが幸せであるという逸話ですが、幸福学の考え方で言えば、どちらも大事です。家族や地域とのつながりを大事にして、ゆったり過ごすのも幸福だし、コンサルタントのように何かにチャレンジするのも幸福につながります。両方を併せ持つのが大事ということでもあります。

「お金がすべてではない」を病気になって実感する人も少なくありません。「病気になって収入は下がったけれど、働けることの幸せに気づいた」「給与は下がったけれど、必要なものは十分揃っていることに気づいた」といった声を聞いたりもします。

そもそも現代人は、天下の大将軍・徳川家康よりもよい食生活をしているという話もあります。「もっと稼ぎたい」という意欲を持つのもダメなわけではないのですが、幸福度診断で収入力のスコアが低かった人は、少し立ち止まって考えてみるのもよいのではないでしょうか。

オススメ書籍

前野隆司『年収が増えれば増えるほど、幸せになれますか？　お金と幸せの話』（河出書房新社）　年収1億円でも不幸な人もいれば、年収400万円で幸せな人もいる。

幸福学の第一人者である前野先生が「お金」と「幸せ」の関係性を解説しています。

地位財②　財産力

「経験」や「時間」を買うことでも財産力は高まる

財産の多寡だけで、幸せが決まるわけではありません。金額以上に大事なのが、使い方です。幸せにつながる使い方ができている人は、多くを持っていなくても幸福度が上がります。

幸せにつながる使い方の１つは「他人のために使う」です。マイクロソフトの創業者ビル・ゲイツ氏は、２０２２年に史上最大の規模となる２００億ドルの寄付を発表して話題になりました。

ほかにも欧米では、富裕層に限らず、財産の一部を慈善団体などに寄付する人は少なくありません。寄付することで精神的満足を得ているのです。

寄付は他人を幸せにする以上に自分を幸せにすることは「利他力」の項でも紹介しました。ここで述べたように寄付は時間的余裕につながるという報告もあります。

幸せにつながる2つ目の使い方は「経験を買う」です。ふだん行けない場所に行ったり、イベントに参加するのもそうです。キャリアアップを目指して、ビジネススクールなどに通うのも、満足度の高いお金の使い方と言えます。

3つ目は「時間を買う」です。家事が大変な人は家政婦さんを雇う。早く到着するためにタクシーを使う。お金に余裕があるなら、そのお金で時間を買うことが幸せにつながるケースは少なくありません。

4つ目は「前払い」です。先にお金を払ってしまえば、あとは楽しむだけだからです。買ってすぐ口座からお金が引き落とされるデビットカードのほうが、翌月に請求されるクレジットカードよりも安心感がある、というのもそうです。

定額で音楽などが聞き放題になるサブスク（サブスクリプションサービス）も、一種の前払いでしょう。ホテルのビュッフェや焼肉などの食べ放題も同じです。ただし「もとを取ろう」と寸暇も惜しんで動画を見たり、限界を超えてまで料理を食べたりするのは〝楽しむ〟という点では本末転倒なので、そこは注意が必要です。

5つ目は「ちょっとしたご褒美」です。「給料日には、ちょっとリッチな食事を楽しむ」といった人は多いでしょう。これもまた幸福度を上げます。ただし「10年後のプロジェクトが終わったら海外旅行に行く」などゴールが遠すぎて、幸せにつながりにくいものがあります。「ちょっと高価なケーキ」「映画を見に行く」など小さな満足をたくさんつくったほうがいいでしょう。

「コスパを追いすぎない」ことも大事

一方、お金の使い方で注意したいのが「コスパを追いすぎない」ことです。「サティスファイザー（満足する人）」と「マキシマイザー（最大限やる人）」という言葉があります。

たとえば新しい冷蔵庫を買うときです。近くの家電量販店で買って満足できる人はサティスファイザーです。一方、何日もかけてネットで調べ、家電量販店も覗き、最もコスパのよい冷蔵庫を探そうとする人がマキシマイザーです。

両者を比べたとき、幸福につながりにくいのがマキシマイザーです。マキシマイザーは調べに調べて最高と思えるものが見つかっても、なかなか満足に至りません。「現段階では最高でも、探せばもっといいものがあるのではないか」などと考えてしまいます。

購入してからも「あっちのほうが、よかったのではないか」と後悔したり、新製品が出たら、そちらも気になったりしてしまいます。マキシマイザーから見たら〝コスパの悪い買い物〟をしているサティスファイザーのほうが、実際は幸福を感じやすいのです。

マキシマイザーが幸福度を高めるには、最高を求めるにしても「時間を区切る」ことです。１週間はいろいろ調べるけれど、それ以降は探さないなどとルールを決める。

これは仕事も同じです。お金の使い方から少しずれますが、仕事も「最高のもの」を追い求めていたのでは、いつまで経っても終わりません。締め切りを決めて「この日までにできる最高の仕事をする」と決め、その時点でできたもので満足する。そんなサティスファイザー的な気持ちを持つことも大切です。

オススメ書籍

エリザベス・ダン他『「幸せをお金で買う」5つの授業 HAPPY MONEY』（KADOKAWA／中経出版）心理学とマーケティングの研究者が、お金の使い方を変えることで幸せになる方法を指南しています。

地位財③ 社会的地位

大事なのは「社会の役に立っている」と感じられること

社会における立場や地位に満足し、「社会に認められている」と感じられる人は幸せです。項目名に「地位」と書きましたが、要は「社会に役立っている感覚」は幸せにつながるということです。

これについては「レンガを積む3人の職人」という有名な話があります。3人の職人は、まったく同じ仕事をしています。それぞれに何をつくっているのか尋ねると、1人は「レンガを積み上げている」と答え、もう1人は「大聖堂をつくっている」と答えました。

そして最後の1人は「（大聖堂を通して）街のみんなを幸せにしようとしているんだ」と答えたのです。

最後に答えた職人の幸せそうな顔が浮かびませんか。彼は社会での立場に満足し、認められていると感じているのです。大事なのは自分の仕事や日々の行為が、誰かの役に立っていると思えるかどうかです。

社会的地位で低い数字が出やすい職種に、部品工場の工員さんがいます。いまつくっている部品が最終的にどのような製品になるのか、社会でどのように役立っているかがわかりにくいからです。これを知るだけで社会における自分の役割を感じることができます。

最近の仕事は高度化・複雑化して社会的な意義がわかりにくくなっていますが、すべての仕事は回り回って誰かを幸せにしています。お金を稼ぐということは、必ず誰かの幸せにつながっていることを意味します。

多くの企業では、新卒採用のときは自社の社会的役割などを盛んにアピールします。日々の作業を続ける中で忘れがちですが、あらためて入社した頃のことを思い出し、自分の仕事の根本的な意義を考えてみてはどうでしょう。

また〝天職〟という視点で自分の仕事を考えてみるのも1つです。天職とは、自分が好きで、得意で、お金を稼げ、社会に求められている仕事です。それに携わることが、生きがいにつながる仕事とも言えます。

「天職を探す」というと多くの人が、いまとは違う仕事から探そうとします。でも天職は、いまの仕事の延長でも見つけられます。いまの仕事はお金を稼げ、社会に求められている条件は満たしているはずなので、あとは得意で好きになればいいだけです。

たとえばネジをつくっている人なら、このネジはどんなところで使われているのか。つくられた製品はどのような形で社会に役立っているのか。そんなことを自分で調べたり、人に聞いたりすることで、社会における自分の役割も見えてきます。それを天職と捉えることはできないでしょうか。

先に述べたレンガ積み職人のように、自分の考え方しだいでその仕事がただの作業にも、やりがいや生きがいにつながる天職にもなるのです。それが自分の好きな仕事、得意な仕事ならなおさらです。天職は身近な仕事からも見つけられるのです。

地位財④　実績

実績を積み上げると幸せも積み上がる

「自分らしい実績を上げている」と感じている人は幸せです。「もっと実績を上げよう」と頑張ることも大切ですが、これまで成し遂げたことを認めることも大切です。誰もがこれまでの人生や仕事を通じて、多くの実績を積んでいます。

実績とは、世界中で自分しかできないことや、社会に大きなインパクトを与えることではありません。たとえば「誰かを笑顔にした」「元気に挨拶した」、もしくは「バックオフィスとして営業を支えてきた」など、すべてが実績です。

これまで成し遂げてきた実績を振り返ってみてください。できればそれを周りの人たちと共有してください。

工場などで働いている人は、1人で出社してタイムカードを押し、作業が終わるとまたタイムカードを押して帰るだけ、ということも珍しくありません。そういう職場こそお互いの仕事を評価し、褒めたり褒められたりすることが大切です。

最初の5分間集まって、今日何をするかを1人ずつ話して共有する。自分が何をやっているかを周りの人たちが知っているだけで、承認欲求が満たされます。それが無理なら、今日1日の目標を設定する。自分で設定した目標を達成できれば、それもまた満足度を高めます。

さらに1日の終わりに今日の仕事を振り返り、「今日は○○ができた」と評価する。そして「ナイス自分！」と褒めてください。

実績は、数字に現れるものだけに限りません。誰も気づかないけれど、エクセルで資料作成する際、カーソルをA1セルに合わせる。そこにこだわりを持つ人もいます。今日1日こだわりを通すことができたら、これも褒めてあげる。

日常生活を振り返り、「今日もちゃんと会社に行った」「今朝、寝坊せず起きられた」など、ちょっとしたことでもかまいません。そして自分を「ナイス自分！」「ナイス私！」と褒めてください。

一方で周りの人たちも褒めてください。誰しも人に認められたい、褒められたい欲求を持っています。まずは自分が周りの人の仕事や行為に関心を持ち、承認・称賛する。同僚がこだわりを持って働いている部分に気づいたら、それを指摘して褒める。

自分自身が周りに関心を持ち、実績を認めることができれば、それは巡りめぐって自分にも返ってきます。

また振り返りは1日の終わりだけでなく、月に1回程度行うことで、積み上げた実績が実感しやすくなります。幸福度診断を毎月行うのもお勧めです。診断結果を見て、上がった項目について、なぜ上がったかを考える。「そういえば今月は、いつも以上に笑顔を意識していたな」などと変化や成長を感じることができます。

そうして少しずつ実績を積み上げる。心からやりたいことをやり、会いたい人に会い、自分の本当の実績を積み上げる。人生100年時代ですから、ゆっくりでいいのです。

実績を積み、それを承認していくことで幸せの階段を一歩一歩、歩んでいってください。

第4章

組織における幸福度の高め方

1 組織における幸福度の向上とは

「自分の幸せ」と「みんなの幸せ」を車の両輪に

3章では、幸福度診断の結果をもとに、自分の幸福度を高める具体的方法を解説しました。ただ幸福度を高める方法を実践して自分が幸せになっても、周りの人たちが幸せでなければ、自分の幸せを維持するのは難しいです。

そもそも「最も幸福な状態」とは、自分と同時に、周りの人たちもみんな幸せな状態のことです。そこで4章では自分の所属するチーム、さらには会社全体を幸せにする方法を述べていきます。

まず大前提は、自分自身が幸せであることです。なぜなら幸せは「うつる」からです。自分自身が幸せでいて初めて「幸せのプレゼント」や「幸せのおすそ分け」もできるのです。

一方で周りの幸福度だけを高めようと頑張りすぎて、自分の幸福度が下がるのは本末転倒です。クルマの両輪のように「自分の幸せ」と「みんなの幸せ」を共に高めていくことを目指してください。

そのうえで組織の幸福度を向上させる方法を述べると、大きく3つの取り組み方があります。

①自分のチームを幸せにする。

②有志のチームをつくって会社全体を幸せにする。

③人事部や経営層が会社全体を幸せにする。

すべてを同時に行うのが理想ですが、まずは自分でできることから始めましょう。これは、どうすれば自分が所属するチームの中で幸せになれるか、またチームの人たちが幸せになれるかを考え、行動することでもあります。

まずは職場の人たちと一緒に、幸せになる方法を考えます。「幸せになる」が漠然としているなら、みんなの「やってみよう力」「ありがとう力」「なんとかなる力」「ありのまま力」を高める方法を考え、これを実践していきます。

いざ行動を始めると「うまく行くこと」「行かないこと」が必ず出てきます。それを定期的な対話で振り返り、改善・パワーアップしていく。これをみんなで取り組んでいけば、必ず幸せなチームになっていきます。

幸福度を高める大事さを知った一社員が、最初は自分のチームから始め、ついには会社全体で幸福度を高める取り組みを行うようにしたケースもあります。１人の思いがチーム、さらには会社を変えることもできるのです。

「最初の1人目の仲間」をつくる意味

自分のチームを幸せにするにあたり、まず行ってほしいのが「最初の1人目の仲間」をつくることです。

はぴテックのサイトで幸福度診断を行い、日々の行動を通じて幸福度を高めていく人は大勢います。そこから「チーム全体に広げよう」と働きかける人もいますが、途中で挫折するケースも少なくありません。人は新しい考え方や取り組みに抵抗感がある方もいるためです。

幸福度診断を紹介したり、幸福を高める4つの因子の話をしても賛同者が見つからない。そんなことが何カ月も続くと、しだいに心が折れて諦めてしまうのです。

これが2人だと違います。仲間がなかなか増えなくても、2人で励まし合うことができます。仲間が増えずに心が折れる確率が1人なら10％だとすると、2人なら10％×10％で1％になります。10回断られて諦めるところが、100回断られるまで諦めなくなるのです。

組織の幸福度を高めるのは、いわば焚き火のようなものです。焚き火をするとき、最初は火のつきやすい細い薪に着火剤などで火をつけます。細い薪に火がついたら、次に中くらいの薪に火を移します。

徐々に火のつく薪が増えていくことで、焚き火は安定していきます。ある程度の薪に火がつけば、もう消える心配はありません。やがて薪全体に火がつき、あとはときどき薪をくべれば、ずっと燃え続けます。組織で幸福度向上に取り組みたいとき、最初に火をつける薪にあてはまるのが、最初の１人目の仲間なのです。

仲間が１人いるだけで、活動はずっとやりやすく、続けやすくなります。たとえば上司が幸福学に関心がない場合、チームの幸福度を高める取り組みをすると「幸せよりもパフォーマンスが大事ではないか」などと否定される可能性もあります（実際は幸せだからこそパフォーマンスも高まるのですが）。そんなときも仲間がいれば心が折れずにすみます。

また幸福度を高めるための取り組みには、イベントの企画などもあります。１人だとイベントに誘っても誰も来ない心配もありますが、仲間がいれば必ず１人は参加者がいます。ほかに誰も来なくても、良い機会だと考え、２人でイベントを楽しめば良いのです。何をするにせよ１人よりずっと心強くなるのです。

「最初の１人」を見つけるには、人選も大事です。焚き火で最初に火をつける薪は、乾いた燃えやすそうな木を選びます。組織の幸福度を高めるときも同じで、火が着きやすそうな人を探します。「いつも挨拶をする人」「笑顔の多い人」「いろいろなイベントに参加する人」などは、火が着きやすそうな人と言えます。

そうした人に本書を読んでもらったり、２章で紹介している動画を見せたりする。これらを通じて「もっと幸せになりたい」「みんなを幸せにしたい」と思えば、仲間になってくれるでしょう。

このとき論理だけでなく「想い」を語ることも大事です。組織の幸福度を高める仲間になってもらうには「共感」を得ることが大切です。共に感じるという言葉の通り、自分の想いを語ることによってのみ、「共感」が生まれます。幸福度を高める取り組みは、最初のうちは困難を伴うかもしれません。それでも「みんなを幸せにしたい」という思いを共にする仲間なら、一緒に取り組みを続けてくれます。

コーヒーサーバーの導入で幸福度が高まったチーム

また取り組みを行ううえで覚えておいていただきたいのは、他で成功したケースをそのまま導入しても、幸福度はほとんど上がらないということです。どうすれば幸せになるかは人によって違うように、チームによっても違うからです。

逆に言えば自分たちで「幸せになれる」と考えて決めた施策なら、一見、稚拙と思えるものでも必ず幸福度が高まっていきます。

以前ある企業で、幸せなチームになるための施策を考えてもらったときのことです。1つのチームが「コーヒーサーバーの改善」を目標にしました。私は最初に聞いたとき、「一番大切なことがコーヒーサーバー?」と懐疑的でした。「ありがとう力」や「やってみよう力」を高めたいなら、もっと効果的な方法があるのではないかと思いましたが、とりあえず経過を見ることにしました。

しばらくして再度、幸福度診断をすると、そのチームの幸福度は大幅に向上していたのです。何が起きたのか聞いてみると、次のような答えが返ってきました。

まずみんなで相談して、新しいコーヒーサーバーを導入しました。おいしいコーヒーが飲めるようになったので、マシンの前にみんなが集まり、雑談やコミュニケーションする機会が増えたそうです。

せっかくなので時間を決めてコーヒーを飲みながら雑談する時間を設け、さらにはマインドフルネス、瞑想の時間も設けるようになりました。研修を受けていない人たちも集まる機会が増えたので、幸福に関する情報やメンバーの人となりがわかる社内報を貼ったりしていきました。

コミュニケーションの時間が多く取れるので、マシンはすぐに抽出されるものより、少し時間がかかるものがよいそうです。そんな知見も教えていただきました。

この話を聞いて、私は納得しました。コーヒーサーバーの購入をきっかけに、チームのメンバーは「やってみよう力」でいろいろな取り組みを始めました。取り組みの中でメンバー同士の「ありがとう力」も育まれました。よい対話や休憩時間を取ることで「なんとかなる力」や「ありのまま力」も向上していったのです。

大事なのは実践

もう1つ、いまの話からわかるのは、行動こそが何よりも大切ということです。最初に聞いたときは「そんなこと？」と疑問符がつくようなことでも、「コーヒーサーバーを設置する」という行動を取ったことで、チームは変わりました。

「どうしたら幸福度が高まるだろう」「最善の方法は何だろう」などと考えるだけでは、幸福度はなかなか高まりません。何であれ行動することで幸福度は高まるのです。

その意味で幸福はスポーツや楽器演奏に似ています。「幸福の理論を1000個、知っています」と言いながら何もしない人より、理論は1個しか知らないけれど、それをやり続けている人のほうが幸福度が高まるのです。

野球の本でカーブの投げ方を読んで知るだけでは、投げられるようにはなりません。本を参考に実際に投げ、練習しながら改善していくことで、実際に投げられるようになるのです。同様に、この本でも、実践が大切です。

また職場を良くしようという行動に際しては現在の不平不満をなくすことより、幸福や4つの因子が高まることに着目することも大事です。人は不平不満を探そうとすれば、いくらでも見つけることができますので、終わりがありません。

職場の仲間と行動する場合、ともすると意識が不平不満の解消に向かいがちです。ですがこれだけでは幸せの方向には向かいません。「工場内の温度が40度を超えている」「残業続きで十分な睡眠をとれない」といった心身の危険に関わる問題は、もちろん減らす方向で考えることも大切ですが、基本的には「幸せを増やす」方向で考え、行動してください。

加えて、幸せについての基本的な知識を共有することも大事です。幸福度を高める４つの因子を知らなければ「給与を増やす」「休みを増やす」といった短期的な幸せや快楽の方向に向かいやすいからです。実際には短期的な快楽を増やすだけでは、中長期的な幸せやウェルビーイングにはつながってこない場合が多いです。

深く学ぶことも良いのですが、まずは本書で解説している程度の知識で十分です。知識以上に大事なのが実践だからです。もちろん知識はあるに越したことはないので、より深く知りたい方は本節の最後の［オススメ書籍］をご参考ください。

それでは以下、①「自分のチームを幸せにする」、②「有志のチームをつくり、会社全体を幸せにする」、③「人事部や経営層が会社全体を幸せにする」ための施策を行う、それぞれについて具体的方法を紹介していきます。

チームで幸福度を高めるのは、１人で高めるより難しい面もあります。みんなで幸福度を高めるといっても、なかなか雲をつかむようなものでしょう。ある程度「型」があったほうがやりやすいので、「こうすればいい」という型を紹介します。この型は私が実際に研修やコンサルティングなどで使っているものでもあります。

まずは型に従って進め、慣れてきたらメンバーの個性や成果に応じて、少しずつアレンジしてください。そして最後は自分たちに合った、オリジナルなやり方を見つけてください。3章で紹介した「守・破・離」の考え方と同じです。

ただし最適を求めすぎると、幸福度が下がるケースもあります。最適な取り組みを求めつつ、現状できることを認めながら進んでいってください。

オススメ書籍

前野隆司・前野マドカ『ウェルビーイング』（日本経済新聞出版）　心身と社会的な健康について解説しています。数々の事例を元にウェルビーイングの全体像が学べます。

2 自分のチームを幸福にする

まずは動画を見たり、本書を読んでもらう

組織の幸福度を高めるにあたり、取りかかりやすいのは、先に述べたように自分のチームの人たちと行うことです。同じチームなら顔を合わせる機会も多く、前項で述べた「最

初の1人」も見つけやすいでしょう。活動するときも場所や時間の融通がつけやすくなります。

チームにはたいてい〝火〟の着きやすい人もいれば、着きにくい人もいます。すぐに共感して一緒に行動する人もいる一方、興味をもたず取り組みをしらけた目で見る人もいるかもしれません。

とはいえ「幸せになりたい」という気持ちは、誰しも持っています。取り組みによりチームに活気が出てきたり、メンバー1人1人がイキイキ働いたりする姿を見れば、いずれ「自分も幸せになりたい」と思うようになります。実際に、最初は冷めた目で見ていた方が、幸福度の重要性を知り、推進の中核メンバーとなることも少なからずあります。焦らず、そのときを待ってください。

では以下に診断を軸とした「型」をご紹介します。①から③まで3段階あります。

[型①] 幸福学を学ぶ……診断実施前

まず行ってほしいのが、幸福学について最低限の知識を持ってもらうことです。「みんなで幸せになる取り組み」と伝えるだけでは、必ずしも望む方向には進みません。3章でも述べたように、幸福度を高めようとすると、逆に不幸になる傾向があるからです。

少なくとも本書の1章で述べた内容を知っておく必要があります。さらに2章には、幸福学や幸福度の高め方を簡単にまとめた「幸福度向上ガイド」を紹介しました。まずはこれを見てもらい、より詳しく知りたい人には本書を読んでもらってください。

[型②] 幸福度を測る……毎月

動画や本書で知識を持ったところで、幸福度診断をします。やり方は2章で説明しているので、みんなで一緒にやってもいいし、時間のあるときに1人でやっても大丈夫です。

[型③] 取り組みを行う……日々実施し、毎月振り返り

幸福度診断の結果をもとに、実際に取り組みを行っていきます。基本的なやり方は個人としては3章、チームでのやり方は本章で述べています。お勧めは、幸福度診断でスコアが高かった項目から始めることです。スコアが高い項目は、自分にとって得意な項目でもあります。取り組むハードルも低いうえ、効果も出やすくなります。

ただし他の項目でやってみたい項目があれば、それもいいですし、あえてスコアの低い項目から選んでもかまいません。大事なのは自分で「やってみたい」とワクワクするものにすることです。

項目を決めたら、具体的にどんなことをするかを決めます。みんなで話し合いながら決めても、各自で決めてもかまいません。ＬＩＮＥやｓｌａｃｋなどのような「場」をつくり、それぞれ何に取り組むかを書き込むのもお勧めです。あるいはみんなの取り組みの一覧表をつくり、みんなでシェアしてもいいでしょう。

人にも伝えることでやる気も高まり、人が何に取り組むかを知るのも参考になります。取り組みは１つに限らず、人の取り組みを知って「自分もやってみよう」と思えば、それを追加するのも１つです。そして、月に一度など定期的に集まり、取り組めた内容や、次の期間でのアクションを共有しあうことがお勧めです。

最初の振り返りは1カ月後

まずは半年間で幸福度向上を目指すことを目標にします。その間は毎月幸福度診断を行い、幸福度がどのように変化したかをチェックします。

このとき、ぜひ行ってほしいのが「振り返り」です。たとえば30分ほどかけて「できた取り組み」「できなかった取り組み」を各自報告し、「できた取り組み」はなぜできたのか、「できなかった取り組み」はなぜできなかったかを話し合います。

また「できた取り組み」について、その結果どのような変化が起きたかなども報告します。１カ月取り組む中で、新たに取り組みたいことが出てきたら、それも報告しシェアします。

一方「できなかった取り組み」は、どうすればできるようになるか考えます。「もっと、こうすればいいのでは？」「別の取り組みに変えてみたら？」などと、みんなでワイワイ意見を言い合ってもOKです。改善点が見つかれば、次からの取り組みに生かします。

要はPDCAサイクルで、P（プラン＝計画）、D（ドゥ＝実行）、C（チェック＝測定・評価）、A（アクション＝対策・改善）により、より幸福度を高める取り組みを見つけていくのです。

「振り返り」は個人で行うときも大事ですが、チームで行うことでより深く振り返りやすく、また長続きもしやすくなります。各個人での振り返りは、「幸せの振り返り」という機能でも実施することが可能です。また、2章で紹介した動画で実際の「振り返り」の実施方法を紹介しています。こちらも参考にしてください。

理想は月に一度の幸福度診断と「振り返り」

幸福度診断を行った際に注意したいのは、「スコアの伸び具合や取り組みがうまくいっている、いない」などを人と比べないことです。自分よりスコアの高い人や前回より大きくスコアを伸ばした人を見ると、羨ましく思うかもしれません。みんなのスコアが大きく伸びているのに自分だけあまり伸びていなければ、焦ることにもなりがちです。

でも幸福の感じ方や伸びていくペースは、人それぞれです。人と比べるものではありません。少しでも上がっていれば、前回より幸せになっている自分を喜んでください。上がっていなくても、それは伸びしろが残されているということで、喜ばしいことです。

　また思ってもいなかった項目が伸びていて、驚いたりするかもしれません。自分では「挑戦力」を高めるつもりだったのに「感謝力」が上がったといった具合で、不思議に思うかもしれませんが、これも深く振り返るきっかけになります。

「そういえば挑戦力を高める取り組みをするため、いろいろな人のお世話になっていた。『ありがとう』という機会も多かった」などと思い出し、「ありがとう」をたくさん言うことで感謝力が高まったと気づくことにもなります。

　そんな話を周りにすると、「そういえば……」などと同じような体験を語る人が出てくるかもしれません。これもまた「振り返り」を深めます。雑談レベルでもいいので、診断結果や取り組みとの関係を比べて、思ったことをあれこれ話し合ってください。

　集まるペースは月に一度がベストですが、無理な場合でも開始から2、3カ月経った頃に一度行ってください。「忙しいから」「みんなの時間が合わないから」などと先延ばししていると、どんどん集まるのが億劫になります。そうなるとチームでの取り組み自体、億劫になり自然消滅しがちです。

　集まったら1回目と同じように幸福度診断を行い、前回と比べて上がった項目や下がった項目、あるいはできた取り組み、できなかった取り組みを報告しあい、それぞれについて感想や考察を話し合います。ただし、診断結果の数値までは、共有は必須ではありません。各自が共有できる範囲内で、話し合ってみてください。

その場合、「初回」「前回」「今回」と3つの診断結果があるので、取り組みとスコアの関係がよりわかりやすくなります。振り返る話の内容も、より深いものになるはずです。

これを6カ月間続ければ、間違いなくそのチームの幸福度は高くなっています。効果が実感できれば、やればやるほど幸せになるとわかるので、その後は自然に続くようになります。

またできればメンバー全員の取り組みや「振り返り」を簡単に記録し、みんなでシェアするようにしてください。メンバーが増えたのに、そのときのチームの取り組みや「振り返り」しか知らないのは、もったいない話です。

より多くの人の取り組みや「振り返り」を知ることで、幸福についてより考えを深めることができます。

チームでの話し合いは気づきのチャンス

また共に幸福度を高めていくチームの人数は、まずは2人、そしてできれば4～5人を目指してください。4～5人でそれぞれ自分の診断結果や他の人の診断結果を見て、気づいたことを話し合う。これが非常によい「場」をつくります。

思い当たるふしがあると、「確かに最近これをやっている」という話になるなど、チーム内でワイワイ盛り上がります。こういう話は、ふだん会社ではしません。それが「振り返り」を通じて人間同士の会話になり、思わぬ心の変化が生じるのです。

先日の研修でも、こんなことがありました。一般社員から役員クラスまで、かなりの大人数が参加する研修で、あるチームは専務の男性と事務職の女性が同じチームでした。「振り返り」の中で事務職の女性の言ったセリフが、専務の心に届いたようです。最初はいかつかった専務の顔が、しだいに軟らかくなり、最後は素晴しい笑顔を見せるようになったのです。まさに場の空気がガラッと変わったのを覚えています。

幸福度を高める取り組みでは、こうしたことがしょっちゅう起こります。1カ月、2カ月と幸福になるための行動を続けていると、変化が徐々に積み重なっていきます。3カ月経つ頃には大きな変化となり、幸福度診断という目に見える形で出てくるのです。日々のちょっとした変化は自分自身では気づかない場合が多いので、診断結果を見ることで、その小さな変化の積み上げに気づくことができます。

4～5人いれば年齢や役職、考え方もバラエティに富み、意外な変化も起こりやすくなります。ぜひ4～5人を目指して仲間づくりを行ってください。

同じ職場に以前より幸せそうに働く人たちが出てくれば、「自分もやってみよう」と思う人も出やすくなります。「自分も参加したい」と言う人が出てきたら、一緒に取り組みを行うようにしてください。

新しい人には「型①」の「幸福学を学ぶ」から始めてもらい、「型②」の「幸福度を測る」以降は一緒に行えばＯＫです。

ただし人数が多すぎると「振り返り」が散漫になりがちです。チームの人数は４～５人がベストで、参加者が７～８人に増えてきたら、２チームに分けるといいでしょう。

いつも同じメンバーで固定せず、毎回、あるいはときに違う組み合わせで行うのもお勧めです。いつもと違う人と「振り返り」をすることで、新たな気づきが生まれやすくなります。

3 自分のチームを幸せにする――効果アップ編

「挨拶」→「雑談」→「感謝」で職場の心の距離を縮める

前項ではチームで幸福度を高めるときの基本となる「型」を紹介しました。ここでは型における取り組みのうち、みんなで実施できるお勧めの方法を紹介します。

幸福度診断の結果や日頃の取り組みなどをもとに行う「振り返り」は、お互いの話をじっくり傾聴する、深い対話になるのがベストです。とはいえ相手をよく知らないのに、深い対話をするのは難しいものがあります。「振り返り」の効果を高めるには、お互いのつながりを強くし、心のハードルを下げる必要があります。

そのためにはコミュニケーションの基本、挨拶や雑談、感謝ができる関係を築くことが大事です。繰り返しになりますが、会っても挨拶すらない職場もあります。これでは深い対話どころか、そもそも一緒に幸福度を高める仲間になるのも難しいでしょう。まずはお互いに挨拶をしあう関係になる。こちらから挨拶すれば、相手もたいてい返してくれます。

挨拶しあえる関係になったら、次はちょっとした気持ちの共有など、ちょっとした雑談をする関係になります。

雑談もスムーズにできる関係になれば、次は感謝の気持ちを伝えるようにします。たとえばすれ違うとき道を譲ってくれたら「ありがとう」と言う。仕事でちょっとしたことをしてもらったときも「ありがとう」と言うといった具合です。

まったくコミュニケーションがない職場であれば、「挨拶」→「雑談」→「感謝」の3段階で距離を縮めていくことがお勧めです。また飴ちゃんをいつも持っておき、おりにふれて渡したりする、といったことも距離を縮めるうえで効果的です。

ランチや飲み会では気持ちの共有やちょっと深い話も

距離が縮まってきたら、より深いコミュニケーションや対話ができる関係を目指します。たとえばランチに誘い、会話をする。たんなる雑談に終わらず、気持ちの共有や、ちょっと深い話も意識してみてください。

以前、誰かに仕事を手伝ってもらって助かった話、最近新しいチャレンジをして楽しかった話などです。こちらから水を向けることで、相手も日頃感じている感謝やチャレンジに関する話が、出るかもしれません。

たとえ期待する反応がなくても、人は自分の話をするだけで幸福度が高まります。話の内容が深ければ、幸福度はさらに高まります。深い話をすることで、相手とのつながりが深まるのを感じるからです。つまり反応がなくても、深い話をすることは自分自身の幸福度を高めるのです。

飲み会でも、ただ酔っぱらってグチを言い合うだけではもったいない。酔った勢いに任せて、ふだんできない深い話をしてはどうでしょう。

たとえば、仕事における、ちょっとしたこだわりを話すのもお勧めです。「仕事へのこだわり」は多くの人が持っています。とくにバックオフィスの人は、そうした話をすることで幸福度が高まる傾向にあります。話すことで幸せを感じれば、「もっと話したい」となって、深い話もしやすくなります。

そこから最近あった感謝する出来事を聞いてみてはどうでしょう。話しやすいムードにするため、自分自身の体験から話すのも1つです。「こんな感謝する出来事があった」と話し、「そっちはどう?」などと水を向ければ話してくれるかもしれません。

すぐに浮かばないなら、しばらく考えてもらうことも大事です。過去を振り返り、振り絞って考えるのも大切です。そんな対話を通じて、チームの人たちの幸福に対する関心を高めていってください。

ふとしたときに幸福に関する話をしたり、チームの幸福度を高める効果を話したりする中で、仲間になってくれることも期待できます。

なお、いま述べたような働きかけは、一緒に幸福度を高めている仲間とも機会を見つけて行ってください。ふだんから気持ちの共有やちょっと深い話をすることで、月に一度の「振り返り」でも、より深い話ができるようになります。

とくに工場のような、人と話す機会の少ない職場では、ちょっとした時間を見つけて、このような会話をすることを意識してください。たとえば週に一度、雑談の時間を設ける。一緒にランチをする。できれば毎日そうした時間を持つようにすれば、職場やチームの雰囲気はどんどん幸福度を高める方向に向かっていきます。

取り組みに積極的だった人を表彰する

幸福度を高めるには、チーム内で表彰制度を設けるのも効果的です。幸福度が高まる行動をした人を、月に一度表彰するのです。

表彰とは、褒めることです。人は褒められれば嬉しくなり、「もっと頑張ろう」とモチベーションが高まります。仕事でよい成績をあげた人を表彰する職場は多いですが、これを幸福について行うのです。

たとえば以下のような人を讃えます。

・「ありがとう」など感謝の言葉をたくさん言った人、言われた人。
・たくさんチャレンジした人、大きなチャレンジをした人。
・周りに頻繁に声をかけた人、コミュニケーションをたくさん取っていた人。
・一番笑顔が印象的だった人……などなど。

こうした項目から1つ、あるいは複数選んで該当する人を表彰します。かしこまった表彰式をしなくても、選考基準は独断でOKです。たんに「感謝の言葉をたくさん言った人」とするより、具体的に「こんな場面で感謝しているところを見ました」「こんな感謝の言葉をかけられて嬉しかったです」などと具体例を挙げると、表彰された人は「ちゃんと見ていてくれたんだ」と、より喜んでくれます。

人のよいところを見つけて褒める行為は、自分の幸福度も高めます。ある意味、特権です。

逆に投票制にして、みんなで決める手もあります。1つまたは複数のジャンルを決め、誰がふさわしいかを投票してもらい、リーダーは集計係となって結果を発表します。

このやり方はチームの人たちの幸せに対する意識を高める効果もあります。「今月は誰に投票しよう」などと思って周りの人を見ることで、チーム内のつながりや理解も深まっていきます。選ばれた人も「みんなに選ばれた」ということで、幸福度はより高まります。

表彰制度も、何より大事なのは続けることです。無理のない範囲でみんなを認め、称賛する機会を設け、みんなでモチベーションを高めていってください。

“チーム報”でメンバーの距離を縮める

社内報ならぬ「チーム報」をつくり、情報発信していく方法もあります。たとえばＡ４程度の紙にメンバーのプロフィールなどを書き、みんなに配ります。もしくは週１回、メールやチャットに配信するのも良いでしょう。「チーム報」といっても、文字だけでも十分です。

職場内でも、人と人としてつきあうことが、幸福度を高めるには重要です。飲み会や親睦会が盛んだった時代は、お互いの基本的なこと、出身地や出身校、家族構成、趣味などは何となくわかっていました。ところが最近は個人情報の問題などもあり、そうした情報がわかりにくくなっています。飲み会なども減り、お互いの人となりを知る機会が激減しています。

その結果、会話の内容も業務連絡ばかりになり、人と人との関係性が機械のようになっている職場が増えています。それも歯車のかみ合っていない機械のようなケースも多く、これでは当然、幸せな職場になりません。

近年、注目を集めている「ティール組織」も、ある意味、社員の幸福を重視する考え方です。パフォーマンス重視で、社員を機械のように捉える「オレンジ（達成型）組織」があり、それを進化させたのがメンバーの個性を重視する家族経営的な「グリーン（多元型）組織」になります。さらに進化し、組織と個人の目標が一致しているのが「ティール組織」です。

つまり機械と機械のようなつきあい方には限界があり、求められるのは人間と人間によるチーム運営ということです。その先に、会社も社員も幸せになる仕事のありようがあるのです。

なお、「チーム報」を通じてメンバーの人となりがわかってくれば、お互いに「人」としてつきあいやすくなります。本人がＯＫする範囲で「住んでいる場所」「出身地」「学生時代に学んだこと・部活サークル活動」「特技や趣味」「夢や目標」「好きな食べ物」「好きな仕事」「誕生日」「仕事でのちょっとしたこだわり」「ちょっと自慢できること」「ちょっとした武勇伝」「最近あった感謝」「ちょっと幸せを感じる時間」「ひと言コメント」など人となりがわかる情報を、毎月１人、あるいは複数人、紹介してはどうでしょう。

さらに「チーム報」は、ほかにもいろいろな使い方ができます。前項で述べた、表彰制度もそうです。「たくさん感謝していた人」「たくさんチャレンジした人」などを選び、チーム報で表彰します。

みんなに配るだけでなく、「チーム報」をオフィスの壁に貼っておけば、つねに見ることができます。表彰された人は、その間ずっと誇らしい気持ちになり、かつ周りの人たちの励みにもなります。

幸福に関する情報を載せるのもお勧めです。たとえば本書をもとに「幸せになろうとすると、逆に不幸になる」といった話を掲載したり、幸福度を高める４つの因子について解説を掲載します。

あるいは3章で解説している34項目や、各項目で提案している幸福度を高める取り組みを紹介するのも１つです。

自分の体験を書いたり、メンバーから声を募って紹介したりするのもおもしろいでしょう。「最近感動したことはありますか」「最近チャレンジしたことはありますか」「感謝や笑顔について最近感じたことはありますか」などと質問し、戻ってきた答えを載せます。

１人でたくさん書く人もいれば、まったく回答しない人もいるでしょうが、すべて本人の自由に任せます。強制や催促は相手の反発を招きやすく、自分自身、楽しい行為でなくなってしまいます。

「チーム報」でも、やはり大切なのは続けることです。それにはつくり手側が楽しめることが最も重要で、ぜひ楽しみながらチーム報を作成してください。最初は反応がなかったとしても、続けていくことで、みんなを巻き込んでいくことができます。

定例ミーティングに「対話」の場を

また、チーム内で行う定例ミーティングも、チームの幸福度を高める場にすることができます。「チーム報」は文字によって幸福度を高める取り組みですが、これを口頭で、顔を合わせて行えるのが定例ミーティングです。

たとえば週に一度ミーティングがあるチームなら、最初に「今週あったよかったこと」を話すことから始めるといった具合です。

最初のうちはリーダーが口火を切り、ほかに話したい人がいたら続いて話してもらうようにすれば、進行がスムーズになります。本章の冒頭で話した〝最初の1人〟がいれば、その人に続いてもらうことで場を盛りあげやすくなります。

後に続く人がいなくても「最近あった、良かった話」「チームの誰かに感謝したい話」など幸福に関わる話は、聞く人も自分も幸せにします。

毎日の朝礼があるチームなら、朝礼の最初にやはり「昨日あった良かった話」などを話します。理想は、定例ミーティングと朝礼の両方で行うことです。朝礼だと長い時間は取れませんが、毎日続けることで、メンバーの中に幸せになるための考え方が浸透していきます。

一方で定例ミーティングは、朝礼より長い時間をとりやすくなります。朝礼だと誰かが1人で語って終わりとなりがちですが、ミーティングなら、誰かの発言に対して質問したり対話をすることも可能です。幸福度診断後に行う、「振り返り」に近い作業もできます。

定例ミーティングと朝礼の両方で取り組んでいるチームは、幸福度がかなり上がりやすいです。チームの雰囲気や働き方が変わり、その結果、自分たちの生産性が上がっていることも実感するようになります。

そうなれば最初は1日に5分しかなかった取り組みが、10分になり15分になりと、どんどん増えていきます。なかには1時間近くを使い、それぞれが感謝した出来事や自分の夢などを語る会社も出てきました。

私が「日本三大幸せ企業」の1つと考えている、ナットなどファインパーツの製造・販売を行う西精工は、毎日1時間をそうした時間に使っています。それだけの価値があるから続けているわけで、実際、西精工の営業利益は、10年以上にわたり右肩上がりを続けているのです。

4 有志のチームをつくって会社全体を幸せにする

有志チームをつくり、会社公認のチームにする

チーム内で幸福度を高める取り組みを行い、手応えを感じるようになれば、次は有志のチームをつくり、幸福度を高める取り組みにチャレンジしてみてください。

ここで言う有志は、他のチームや他の部署の人たちです。「幸福度を高めたい」と思っている人なら誰でもＯＫです。

大事なのは自分のチームと異なる部署の人たちと取り組み、新たな情報や知識をシェアしていくことです。新しい人たちとの取り組みは、新たな視点や発想と出会うことでもあり、幸福に対する考えを深めることにもなります。幸福に対する意識の高い人たちが集まり、知見を共有しあい、応援しあい、触発しあうのです。

有志のチームができたら、「自分たちのチームを幸せにする」ための取り組み、つまり月に一度の幸福度診断や「振り返り」を行っていきます。これは、各自のチームでの取り組みをシェアしあう。もしくは有志のチーム自体で取り組みを行う2通りがあります。

有志チームの結成を、会社の公認の社外活動にしてもらうことも効果的です。

１つのチームで完結せず、別のチーム、あるいは別の部署の人たちと一緒になれば「会

社としての取り組み」という存在感が示しやすくなります。有志チームをつくったら、それぞれの部署の上司や人事部、経営層などに「有志による幸福度を高めるチームをつくりました」と宣言し、チームとして活動することを認めてもらうのです。それによって、活動自体がやりやすく、また新しい有志メンバーを募集しやすくなります。

幸福度が高まれば社員の生産性や創造性が高まることは、すでに実証されています。それを行うことに対し、会社が反対する理由はないでしょう。

近年、「幸福学」という言葉を聞く機会も増え、「幸福度を高めると生産性が高まる」といった話があちこちで取り上げられています。「幸福度を高める取り組みを行っている会社が目覚ましい業績を上げている」「大企業でも取り組みを始めた」といった記事も増えています。

幸せについて取り組んでいる企業である、という記事を読んで入社を決めた人も出始めています。社員を幸せにする取り組みに積極的な会社は、地方の会社などでも、数十倍の競争率になっているという会社もあります。

取り組み自体を楽しむ

会社公認になるメリットは、仲間を増やしやすくなることです。その結果、有志の数や他部署からの参加者が増えれば、社内での存在感も増していきます。

そうなれば社内イベントも開きやすくなります。3章でも紹介したように幸福力を高める行動には、イベントへの参加や開催もあります。イベントは幸福度診断や「振り返り」、ちょっとした幸せについて語る会や幸せ関連の読書会など、幸福度を高める取り組みのほか、ちょっとした交流の場や、なんなら幸せに関係のないイベントでもOKです。

幸福度を高める4つの因子を共に学んだりすることで、幸福への関心を高めることができます。「幸福度を高めるイベント」では敷居が高いと感じる人も、ちょっとした交流イベントなら参加しやすくなります。

最初のうちは有志チーム以外の人の参加は、ほとんどないかもしれません。その場合は自分たちでイベントを楽しめばいいのです。先に述べたようにイベントを主催したり、参加したりするだけでも幸福度は高まります。

期待したほど集まらなくても、それはそれで楽しみましょう。少人数のほうが、深い話をじっくりできる、などのメリットもあります。まず自分自身がとことん楽しんでください。

イベントに限らず、幸福度を高めるための取り組みで最も幸福度が高まるのは、推進している人です。推進している人の幸福度が10上がったとしたら、他の人は5ずつ上がるといった具合です。

逆に言えば推進者がいかに自分の幸福度を高めるかで、他の人たちの幸福度向上の上限も決まるのです。まずは自分たちの幸福度を高めながら、周りもどんどん巻き込んでいってください。

5 人事部や経営層が、会社全体を幸せにする——幸福度を高める施策

働く人と会社のどちらにもメリットがある幸福度

社員の幸福度を高めるには、会社全体で取り組むのも効果的です。研修という形で社員全員が幸福学を学び、幸福度診断の結果にもとづいて各自が行動していけば、社員の幸福度は高まります。

結果として生産性や創造性、売上げなども高くなります。実際、はぴテックでは人事部からの依頼で研修を行い、効果が出ている企業がたくさんあります。

社員の福利厚生やパフォーマンス向上のため、これまでも日本企業はさまざまな施策を行ってきました。ただ、社員の幸福度を高める施策がこれらと違うのは、主体が誰であるかです。

従来型の社員の満足度を高めるための施策は、主体となるのはチームリーダーや人事部など会社側でした。エンゲージメント（会社への愛着心）や従業員満足度に関する調査にしても、会社やリーダーが対策を打っていく形式が多く、診断の結果を把握しているのは

会社やリーダーだけというケースも多いでしょう。

このやり方だと十分な効果が感じられない場合、社員から「アンケートまでとったのに何も変わらない」などと不信感を抱かせることになります。会社の「押しつけ」に対する不満も高めることになります。

幸福度を高める取り組みは何が違うかというと、幸福度を高めるという行為では会社はもちろん、働く1人1人にとっても大きなメリットとなる点です。人間は誰しも「幸せになりたい」という欲求を持っています。幸福度に主眼を置いた取り組みは、働く1人1人の欲求も満たすことができるのです。つまり主体は社員になるのです。

一方で、「社員のエンゲージメントを向上させたい」と思っているリーダーや経営者はいても、「自分のエンゲージメントを高めていきたい」と考えている社員は稀です。少なくとも私は出会ったことがありません。

ただし従業員満足度やエンゲージメントも、幸福度を高めるうえでも、パフォーマンスの点でも大切な要素です。もし経営者や人事担当者が従業員満足度やエンゲージメントも測っているなら、幸福度と一緒に測るのもお勧めです。

その結果、両者の相関を見ることができれば、社員にも「幸せに働くためにエンゲージメントを高めよう」という気持ちが湧いてきます。社員と会社が同じ方向を向いて取り組むことができるようになります。ただし、こちらは幸福度診断結果の集計も必要なため、はピテックまで問合せ頂ければと思います。

幸福度の高い職場をつくるための施策は、これまでの会社のための施策の延長線上ではありません。働く人は幸せに、そしてその結果、会社としても業績に効いてくる。幸福度は、働く人と会社が協力して向上させていく、まったく新しいパラダイムシフトなのです。

幸福度を高める施策に〝銀の弾丸〟はない

ここから施策の話に入っていきますが、まず社員の幸福度を高める施策についてお伝えしたいのは、どの会社にも通用する〝銀の弾丸〟的な施策はないということです。不死と言われる吸血鬼は銀の弾で撃てば死ぬと言われますが、同様に幸福度を高めるうえで「これをやれば１００％うまくいく」という魔法の施策はありません。

幸せな会社がやっている施策をそのまま採り入れれば幸せになるかというと、そうはなりません。「これをやれば大丈夫」という万能の施策はなく、それぞれの会社が「社員を幸せにしたい」という思いを持ち、試行錯誤を経ながらつくり出していくしかないのです。

これは他の人事施策についても言えるかもしれません。たとえば３６０度評価は、「みんなで評価することによって公平性を高める」と導入されたものですが、幸福度の低い会社ではただの〝チクり合い〟になってしまう場合もあります。

また経営学者ピーター・ドラッカーが提唱したＭＢＯ（目標管理制度）は、チームや個人で目標を立てて達成度により評価するというもので、社員のやる気を高めるために考えられました。ところが現実には「自分で立てた目標だから、何が何でも達成しろ！」などと、むしろ管理強化のために使われています。

「１ｏｎ１ミーティング」にしてもそうです。競走の激しいシリコンバレーで人材流出を防ぐために採用されたもので、じっくり話を聞き、満足度を高めることが目的でしたが、ＭＢＯ同様、上司から叱責される場のようになっている場合もあります。

万能な施策はないので、みんなとの対話などを通して幸せな施策を考えていく、もしくは試行錯誤しながら会社にあった施策にアップデートしていく。そして想いを持って、施策を運用し続けていくことが重要なのです。

理想は4つの因子をバランスよく高める施策

一方で社員を幸せにする施策は、意外にシンプルでもあります。みんなが幸せになる施策だとなかなか考えづらい部分もあるかもしれませんが、幸福度を高める４つの因子「やってみよう力」「ありがとう力」「なんとかなる力」「ありのまま力」と掛け合わせた施策、と考えれば、思いつきやすくなります。

たとえば「社員たちの『やってみよう力』を高めるにはどうしたらいいか」を考えれば、「チャレンジを推進する風土をつくろう」とか「成長意欲を高める施策をやってみよう」といった発想が浮かびます。「『ありがとう力』を高めるにはどうしたらいいか」を考えれば、「社員たちのつながりを強める施策を考えよう」などと出てきます。

ほかにも「みんなが『なんとかなる』と思える安心できる職場とはどのようなものか」「『自分らしく』いられるには、どうすればいいか」といった視点で考えていけば、いろいろな施策が浮かんできます。

このとき望ましいのは、４つの因子のバランスが取れていることです。企業の中には、ある因子を伸ばす施策は多いけれど、別の因子を伸ばす施策はほとんど行われていないケースが少なくありません。

たとえば非常に高い業績を上げているＩＴ系企業で「やってみよう力」の成長意欲や没入力を高める施策はたくさんあるけれど、「ありがとう力」のコミュニケーション能力や利他力を高める施策、「失敗も大丈夫」と思える施策がないというものです。

逆に「ありがとう力」であるコミュニケーション能力や許容力、利他力を高める施策はあっても、「やってみよう力」である成長意欲や強み力を高める施策がない会社もあります。つまり、「バランスがよい状態にする」という視点で施策を考えることが大事なのです。

実際に幸福度診断をしていても、「やってみよう力」が高い外資系企業で、逆に「ありがとう力」が幸せに大きく効いてくる。もしくはその逆のような形で出てくる場合は多いです。

さらには、新しく施策をつくるだけでなく、いま行われている施策に「4つの因子を高める」という視点を加える方法もあります。たとえば1on1ミーティングをやっている会社なら、そこに「ありがとう力」を高める要素を加える。既存の施策の中に採り入れたほうが、効果は早く出やすくなります。

新入社員が対象のオンボーディングでいえば、「業務に早く慣れさせる」といった仕事面だけでなく、「つながり」という観点で、会社や配属された部署との関係を深める施策を考えることで、「ありがとう力」や「職場の幸せ力」などを高めていけます。

ある会社の人事部は既存の人事施策をリスト化し、その横にそれぞれ「やってみよう力」「ありがとう力」「なんとかなる力」「ありのまま力」と列を追加していました。そして、その施策毎に4つの因子を取り入れるにはどうしたら良いか、と考えるのです。まずは自社の施策を見直し、どの因子を高めることができるか、考えてみてはどうでしょう。

また、施策の試行錯誤も大切で、さまざまな施策を行い、その中から自分たちに合った施策を見つけることが重要です。企業規模にもよりますが、そのためには最初から全社で取り組むより、一部の部署のみで試すほうがいいでしょう。うまくいくまで繰り返し、やがて効果的な施策が見つかればそれを全社に展開していく。一見、遠回りなようですが、このほうが最終的に好結果につながりやすくなります。

幸福度が高い会社ほどSDGsにも取り組める

幸福度は、近年関心が高まっているＳＤＧｓ（持続可能な開発目標）とも関係深いものがあります。

ＳＤＧｓは世界を良くしていこう、という取り組みですが、取り組んでいくためには、まず自分たちや自分の会社自体が良い状態、ウェルビーイングな状態であることが大切です。

実際にＳＤＧｓに取り組んでいる国ほど、国民の幸福度も高くなっているという研究もあります。自分たちが幸せだからこそ世界にとって良いことができる、また、世界にとって良いことをしているからこそ幸福度が高まっているという背景が推察されます。

日本の企業にはＳＤＧｓ、たとえばダイバーシティ（多様性）に取り組んでいることを示すため、人事面で女性管理職の数や海外の方を増やすといった施策を取っている会社も少なくありません。もちろんそれ自体も大切なことではあるのですが、とはいえ社員が幸せでなければ、これもやはり長続きしない場合も多いです。

もし続いたとしても、ＳＤＧｓのブームが終わればまた元に戻ります。逆に社員が幸せな会社ならば、ＳＤＧｓにも自然と関心が向かい、継続して取り組みを行っていける可能性が高いでしょう。

また幸福度とＳＤＧｓの関係からもわかるように、社員が幸せになるためには経営者や役員、人事部が幸せであることも大事です。別項でも述べたように、幸福になるための取り組みによって、推進者が最も幸せになります。幸せはうつっていくのです。リーダーや経営者も、ぜひ率先して幸せになるための取り組みを行ってください。

他にも近年、関心が高まっている分野は、幸せと関係のあるものであることが多いです。

たとえば人的資本開示でいえば、投資家が社員の定着率や多様性、後継者育成への取り組みといった人的資本の開示を要求するのも、その会社の成長性を見るためです。そして人的資本開示の各項目はほとんどが社員の幸せにつながってくるものです。企業価値という観点からも、社員が幸せであることは重要な要素なのです。

他にもダイバーシティ&インクルージョンについても、多様性は大切ですが、その多様性のあるメンバーが１つのチームとして活躍していくことが大切です。そのためには、まず１人１人の働く人が「ありのまま」に働いていることが重要です。自分自身が「ありのまま」ではない状態では、多様な「ありのまま」を認めることが難しいためです。

近年の流行の人事施策はほとんどが、社員が幸せに働くということに付随するものであるといえます。

6 会社全体の幸福度を高める——MVV編

4つの因子でMVVをチェックする

社員全員の幸福度を高めるには、会社として施策を打つことに加え、会社のあり方をはっきりさせることも大事です。実際、幸せにつながるMVV（ミッション＝使命・ビジョン＝ありたい姿・バリュー＝行動理念）をつくり浸透している会社は、社員の幸福度が高い傾向にあります。もちろんパーパスやフィロソフィでも同様です。

では、どのようなMVVが求められるかというと、やはり指針となるのが「幸福度を高める4つの因子」です。MVVそれぞれが4つの因子のいずれかに適っているかが重要です。「お客様の幸せ」や「循環型社会の追求」なども大切ですが、そのベースとなる「社員の幸福」という視点が入っていれば、さらに社員の幸福度は高まります。

さらに4つがバランスよく入っていることも大事で、ここは前項で述べた施策と同じです。たとえばIT企業では「挑戦」や「スピード」系のMVVを策定していても、「つながりづくり」といった言葉は入っていないケースが多いです。いま掲げているものをチェックして足らないものを加えたり、もしくはMVVに入っていない因子に対して重点的に施策を行うといったことが良いでしょう。

さらに大事なのが実践です。ＭＶＶが形骸化している会社は、山ほどあります。形骸化させないためには、社員１人１人に落とし込むことが必要です。「ＭＶＶを実行するためには何をすればいいか」を会議や１ｏｎ１ミーティングで話し合うのも１つのやり方です。

一方で最も効果的なのは、「上司が背中を見せること」という研究もあります。上司の行動がＭＶＶを体現するものであれば、部下たちも自然に行動するようになるのです。

また、幸福度診断の企業導入が必要ではありますが、ＭＶＶの体現度と幸福度を共に計測し、実際に幸せに効いてくるＭＶＶなのかをデータで見ることもオススメです。それによって、会社のためだけでなく、働く人の幸せのためにもＭＶＶを体現していくことが重要であるということができます。そうすると、ＭＶＶがより自分事化しやすくなります。

ＭＶＶを社員に浸透させるにはまずは「7回繰り返す」

社員にＭＶＶを浸透させるにあたって「マジカルナンバー7」という考え方も大事です。「人は7回聞いて初めて認知する」というもので、何かを浸透させたければ7回繰り返す必要があります。これはＭＶＶだけに限らず、施策や取り組みにもいえることです。

たとえば「挨拶しよう」ということを周知させたいときです。①まず定例会議で発表し、②社内ポスターを貼り、③メールで全体に告知し、④各部署からも告知し、⑤上司から伝え、⑥チームリーダーからも伝え、⑦評価基準の１つに取り入れる、といった具合です。そこまでしつこく繰り返して初めて、「そうか、挨拶しよう」と認知されるのです。さらに認知された後も、浸透のために取り組みが必要です。

これは、「どれだけ素晴しいＭＶＶを持っているか」よりも、「いかに実行させる施策を繰り返し行うか」が大切ということでもあります。たとえば京セラの経営理念は「全従業員の物心両面の幸福を追求すると同時に、人類、社会の進歩発展に貢献すること」です。京セラはこれを実現するため、さまざまな手段を講じています。１回言っただけでは本当に浸透させることができないと、わかっているからです。

ただし、矛盾するようですが完璧を求めてはいけません。ＭＶＶの内容にもよりますが、必ずしも守れない人がいてもいいのです。たとえば、「どんなときもチャレンジ」という理念の会社で、本当に全員がチャレンジしかしない人ばかりだと、その会社は潰れてしまいます。一部には慎重な人もいて、着実に仕事を進めている。そんな人が１、２割いることで〝どんなときもチャレンジする会社〟は成り立つのです。

ちなみに、はぴテックの使命は「世界中の人を、１人残らず幸せにする」です。これは私自身、経営に迷いが生じたときに立ち返る原点にもなっています。

「世界中の人を、１人残らず」は「競合他社も幸せにする」ということでもあります。会社として成長するには、本来知識や情報は外に出さないほうがいいかもしれません。でも共有したほうが他社の情報量も増え、世界全体では理念の実現に近づきます。だからできるだけ情報は独占せず、シェアする。

一方で「1人残らず」には自分自身も含みます。倒産すれば幸せを拡げていく活動も止まってしまうので、自社としても活動を継続・発展させるための利益は頂く。そう考えることもできます。やはり理念を定めたことは、よかったと思っています。もちろん、その使命に向けてまだまだな部分もありますが、できている部分にも目を向けながら、これからも精進し、実現に向けて歩んでいこうと思っています。

オススメ書籍

原 英次郎『稲盛和夫流・意識改革 心は変えられる――自分、人、会社全員で成し遂げた「JAL再生」40のフィロソフィ』(ダイヤモンド社) 京セラを立ち上げた稲盛氏が、JALの再建に際して、いかにフィロソフィを浸透させていったかを学べる書籍です。

7 幸せな会社の本をオススメ

本章の最後に、幸せな会社にするために読んでいただきたい本をいくつか紹介します。最初の３冊は４章でも少し触れた、私の考える「日本三大幸せ企業」の経営者による本です。どの会社も社員１人１人が自分の生き方を持ち、イキイキと働いているのを感じます。

『末広がりのいい会社をつくる～人も社会も幸せになる年輪経営～』（サンクチュアリ出版）
「社員の幸せを目的とした経営を実践する企業」として知られる寒天メーカー・伊那食品工業最高顧問の塚越寛氏による本です。トヨタの社長や関連会社のトップの方々も、その幸せ経営を学びに足繁く通っています。「いい会社をつくりましょう」の理念のもと、社員の幸せと会社の成長を実現された塚越氏が60年余りに及ぶ経営者人生から得た、会社のあるべき姿や経営者の歩むべき道について記されています。

『人間性尊重型　大家族主義経営　新しい「日本型経営」の夜明け』（内外出版社）
定例ミーティングの項でご紹介した西精工の西泰宏社長が、元ソニー上席常務で工学博士の天外伺朗氏とともに同社のマネジメントについて述べています。「社員の９割が『月曜日に会社に行きたいと思う』会社」として知られる同社「大家族主義」を深掘りしています。

『会社の目的は利益じゃない　誰もやらない「いちばん大切なことを大切にする経営」とは』（あさ出版）
　トヨタ販売会社で顧客満足度ナンバーワンの評価を受ける、ネッツトヨタ南国の創業者・横田英毅氏が自らの経営哲学を記した本です。社員の「やりがい」を尊重しつつ、自動車不況下にあっても着実に業績を伸ばしてきた同社の「全社員を人生の勝利者にする」さまざまな施策や理念が語られています。

『幸せな職場の経営学』（小学館）
　私が所属している前野隆司研究室の前野先生が「働きたくてたまらないチーム」のつくり方を紹介しています。前野先生が「ずば抜けて優れた」幸せな会社と考えるヤフー、ダイヤモンドメディア、ユニリーバ・ジャパン・ホールディングスの実践例も紹介しています。

　最後になりますが、本章含めて、ほとんどの内容は個人での幸福度診断の結果を元に、自分と周りが幸せになっていく方法を述べました。一方で、一定の人数の企業であれば、企業で幸福度診断を導入して、会社全体や部署、属性別の幸福度を見える化することも大切です。その場合は、有償とはなってしまいますが、はぴテックまでお問い合わせ頂けますと幸いです。

おわりに

ここまで読んでくださって、本当にありがとうございます。この本がみなさまの幸福度向上につながってくれれば、なにより嬉しいです。

そして、是非、本書を読んでくださった後は、幸福度診断を実施し、そして幸福度を高めるための行動を取ってみてください。どんなに小さな行動でもかまいません。やってみたいと思っていたことに取り組めた、ちょっと親切をした、などなど、まずは一歩で良いので、幸福度を高める行動をしてみてください。

行動にうつすことのできた方は、ほとんどの場合において、幸福度が高まっています。それは本書や研究でわかっている内容に限らず、幸福度を高めようと行った場合は一見稚拙に見えるような内容でも、ほとんどの場合、上がります。

数値として上がっていないケースもみられるかもしれませんが、幸福度は線形に向上してゆくのではなく、波打ちながら上がっていく場合が多いので、これからの幸福度向上に向けての助走だと捉えて頂ければと思います。

幸せになるのは、簡単です。測って、振り返って、楽しみながら行動するだけです。是非、本書も活用しつつ、より幸せな未来を作っていってください。

私は、人は幸せになるために生まれてきたと思っています。『ナショナルジオグラフィック』によれば、28億年後には、地球の生命はすべて死滅するだろうといわれています。遺伝子を残す、日本を豊かにする、などなども、結局のところ、いつかは地球自体も無くなるので、意味がないことです。

意味がないのであれば、幸せに生き、幸せに死んでいくことこそが、最も重要なのではないでしょうか。

これまでの歴史をさかのぼると、明治維新では、みんなが幸せになるために、頑張った人が報われる資本主義に移行しました。戦後は、経済の発展が幸せにつながるとみんなが信じて、世界有数の経済大国となった時代もありました。

しかし、それで、みんなが幸せになったでしょうか。幸せのために身分制度を止め自由に競争できるようにする、幸せのために経済を発展させる。最初は素敵な想いから始まったことも、いつしか幸せにつながらない方向に行ってしまっている部分があります。実際に、ここ50年程度の日本の幸福度の推移を見ても、幸福度はむしろ下がっています。

つまり、経済発展やそれ以外のことは、あくまで手段であり、目的は幸せ。であれば、幸せ自体を指標として、究極的なゴールとしていくことが大切です。

そして、幸せはうつるという特性がある以上、世界中が幸せにならなくして、本当の意味での幸せとはなりません。なので、自分と、周りの幸福度を高めることこそが、人が生きていく中で最も大切なことではないでしょうか（結果として、幸せな人はパフォーマンスも高まりますから、経済発展にもつながっていくといえます。あくまで副産物としてですが）。

株式会社はぴテックでは、「世界中の人を1人残らず幸せにする」をビジョンに掲げています。

壮大すぎるビジョンであり、途方もない夢だと思います。正直、まだまだです。ですが、一方で一歩一歩ですが、進んでいっている部分もあります。幸福度診断も17万人、25万回以上計測されていますし、企業としても100社以上で導入頂き、併走させて頂いていますす。上場企業も1％程度の会社では数百人、数千人、数万人単位で導入頂いています。

これからも、壮大なビジョンを描きつつ、スモールステップで一歩ずつ進めて行きます。しかし、それは弊社だけで実現できるビジョンではありません。是非、一緒に、世界中の人が1人残らず幸せな世の中をつくっていきませんか？

そして、そのために、まずは本書を読んでいるあなた自身、そして、会社や家庭、友人など周りの方の幸福度を高めていってください。それが連鎖していけば、世界中の幸せにつながっていきます。

世界中の人が、1人残らず幸せな世の中に向けて、これからもよろしくお願い致します。

この本は、これまで幸福度診断を行ってくださった方々、そして幸福度診断を企業でも導入し、共にさまざまな取り組みにチャレンジしてくださった方々のお陰で、執筆することができました。本書のノウハウや考え方は、みなさまとのさまざまな取り組みから来ています。

また、幸せ・ウェルビーイングに関する研究者の方々の発見をベースにさせて頂きました。本当にありがとうございます。

そして、私と関わってくださったすべての方々の影響を受けて、私という人間はつくられています。すべての関わってくださった方々に感謝申し上げます。

そして、本書の共著者でもあり、私の師匠でもある慶應義塾大学システムデザイン・マネジメント研究科の前野隆司教授、その奥様であり幸せの研究・実践者である前野マドカさん。お2人に出会えたお陰で、「世界中の人が1人残らず幸せな世の中」も、実現できる！　と信じて歩み出すことができました。これからもよろしくお願いします。

夢だけがあり、事業もなく会社が存続できるアテもない状態で創業期からジョインしてくれて、そして厳しい時期も含めて一緒に歩んでくれた、弊社ＣＴＯのトミー。本当にありがとう、そしてこれからもよろしく。

私の子どもたちである、ゆうり、ゆうま。

幸せな人生を送ってくれることを願います。そしてそのためにも、2人がこれから生きていく社会が、幸せにつつまれている。そんな世界にしていきます。

そして、妻である、理恵。

子どもが産まれ家も建て、安定が必要な中で、急に世界中を〝幸せ〟にするんだ！　と何の収入のアテも無い中での起業を受け入れてくれて、ありがとう。そして、いま、幸せを拡げていくことに尽力できているのも、リエのお陰です。言葉では表しきれない程、本当にありがとう。

最後に、生きとし生けるもの、生きないものも、みんなが幸せでありますように。

2023年春

太田雄介

<著者略歴>

前野隆司（まえの・たかし）
慶應義塾大学SDM研究科教授・ウェルビーイングリサーチセンター長、一般社団法人ウェルビーイングデザイン代表理事。
1962年山口県生まれ、東京工業大学理工学研究科機械工学専攻修士課程修了、キヤノン入社。カリフォルニア大学バークレー校Visiting Industrial Fellow、慶應義塾大学理工学部専任講師、同助教授、同教授を経て2008年より現職。『幸せのメカニズム―実践・幸福学入門』（講談社現代新書）、『幸せな職場の経営学』（小学館）、『ウェルビーイング』（前野マドカ氏との共著・日経文庫）など書著多数。

太田雄介（おおた・ゆうすけ）
株式会社はぴテックCEO。慶應義塾大学システムデザイン・マネジメント研究所研究員。一般社団法人ウェルビーイングデザイン理事。
1985年熊本県生まれ。慶應義塾大学大学院総合デザイン工学専攻卒業後、ITコンサルタントとして流通小売/製造/金融業の大手企業にてシステム開発・業務改革に従事。一部上場のITコンサルティング企業にて年間個人MVPも受賞。もっとみんなが幸せになる、みんなが幸せに向き合う世界をつくる為に、株式会社はぴテック（ハピテック）を創業。
柔道2段、経営学修士（MBA）。

株式会社はぴテック
https://www.happytech.co.jp/

〈制作協力〉今井順子

実践！ ウェルビーイング診断

2023年5月16日　　第1刷発行

著　者　前野隆司　太田雄介
発行者　唐津 隆
発行所　株式会社ビジネス社
〒162-0805　東京都新宿区矢来町114番地 神楽坂高橋ビル5F
電話　03(5227)1602　FAX　03(5227)1603
https://www.business-sha.co.jp

〈装幀〉齋藤稔（株式会社ジーラム）
〈本文組版〉有限会社メディアネット
〈印刷・製本〉中央精版印刷株式会社
〈編集協力〉町田幸美
〈営業担当〉山口健志
〈編集担当〉中澤直樹

ISBN978-4-8284-2522-1

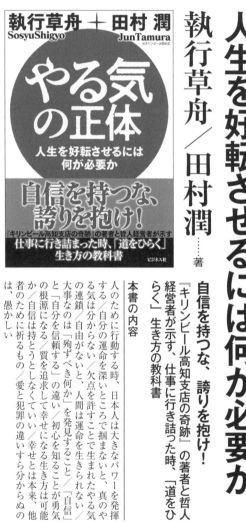